日本妖怪図鑑

佐藤 有文

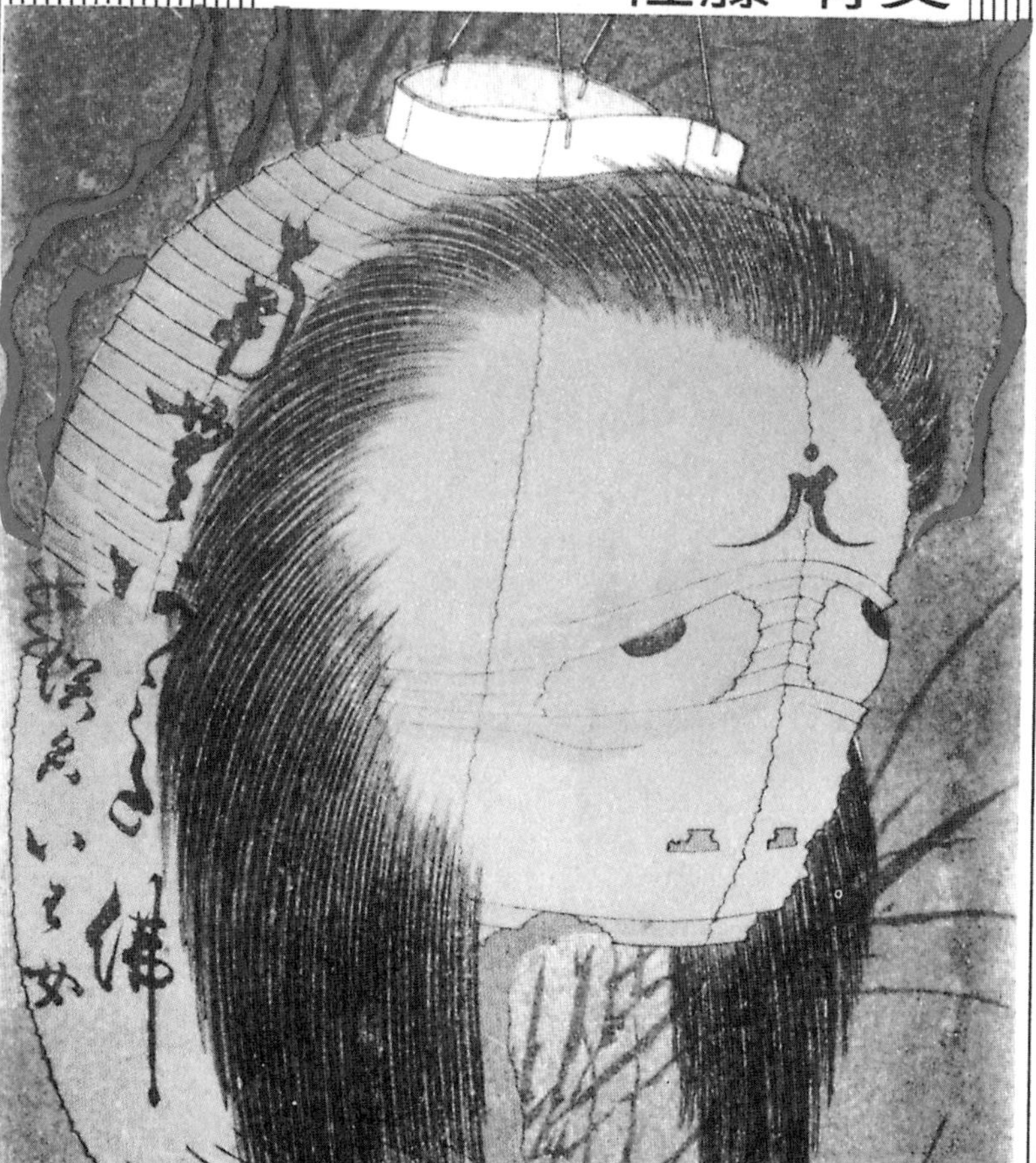

日本の妖怪について

佐藤 有文

妖怪変化《ようかいへんげ》というと、すべて恐《おそ》ろしく悪《わる》いことばかりするものと考《かんが》えられています。ふしぎな超能力《ちょうのうりょく》や恐《おそ》ろしい魔力《まりょく》をもち、いろいろな姿《すがた》に変身《へんしん》することのできる妖怪《ようかい》が、たしかに人間《にんげん》をだましたり、人間《にんげん》をおそってむざんに殺《ころ》したりしたという話《はなし》が、日本全国《にほんぜんこく》のあちこちにたくさんのこされています。しかし、妖怪《ようかい》についてくわしくしらべてみるといろいろなことが、次《つぎ》つぎとわかってきたのです。

まず、妖怪《ようかい》はかならずしも悪《わる》いことばかりするとはかぎらず、よいことをする妖怪《ようかい》もあり、ときには人間《にんげん》にすばらしい知恵《ちえ》をあたえてくれる妖怪《ようかい》もあるのです。そして悪人《あくにん》に対《たい》しては悪事《あくじ》を働《はたら》いても、弱《よわ》い人《ひと》や正《ただ》しいことをやっている人《ひと》には助《たす》けをだすことがあります。

日本《にほん》の妖怪《ようかい》は、やく千種類《しゅるい》もあり、いまでも古《ふる》い絵《え》や資料《しりょう》がのこされているのは、およそ四百種類《しゅるい》あることがわかりました。妖怪《ようかい》はすべて、昔《むかし》の人《ひと》たちがかってに空想《くうそう》でつくりあげたものだという人《ひと》もいますが、カワウソのようにほんとうにいた動物《どうぶつ》もあるのです。それに人《ひと》魂《だま》やきつね火《び》などのナゾは、この、すばらしく科学文明《かがくぶんめい》の発達《はったつ》した現《げん》

◀恐《おそ》ろしい妖怪《ようかい》〈首《くび》かじり〉

在《ざい》でも、いまなおわかってはいないのです。

そして、このようなふしぎな超能力《ちょうのうりょく》や魔力《まりょく》、変身《へんしん》の術《じゅつ》をもっている妖怪《ようかい》は、なんと千年以上《ねんいじょう》も昔《むかし》から日本《にほん》にすんでいましたが、じつは、いま大流行《だいりゅうこう》しているＳＦ《エスエフ》小説《しょうせつ》やマンガの主人公《しゅじんこう》たちの先祖《せんぞ》にあたるのが妖怪《ようかい》なのです。いろいろな超能力《ちょうのうりょく》や変身《へんしん》の術《じゅつ》などは、みな妖怪《ようかい》からひきついだものです。この本《ほん》ではあまり知《し》られなかった妖怪《ようかい》のナゾや超能力《ちょうのうりょく》について、とくにくわしくしらべてみました。

日本の妖怪　もくじ

河《かっ》童《ぱ》

川《かわ》のふかい水《みず》の底《そこ》にすんでいる河童《かっぱ》は，子《こ》供《ども》たちが泳《およ》いでいると，足《あし》をひっぱっておぼれさせるという。いったい，河童《かっぱ》はほんとうにこの世《よ》にいたのだろうか？

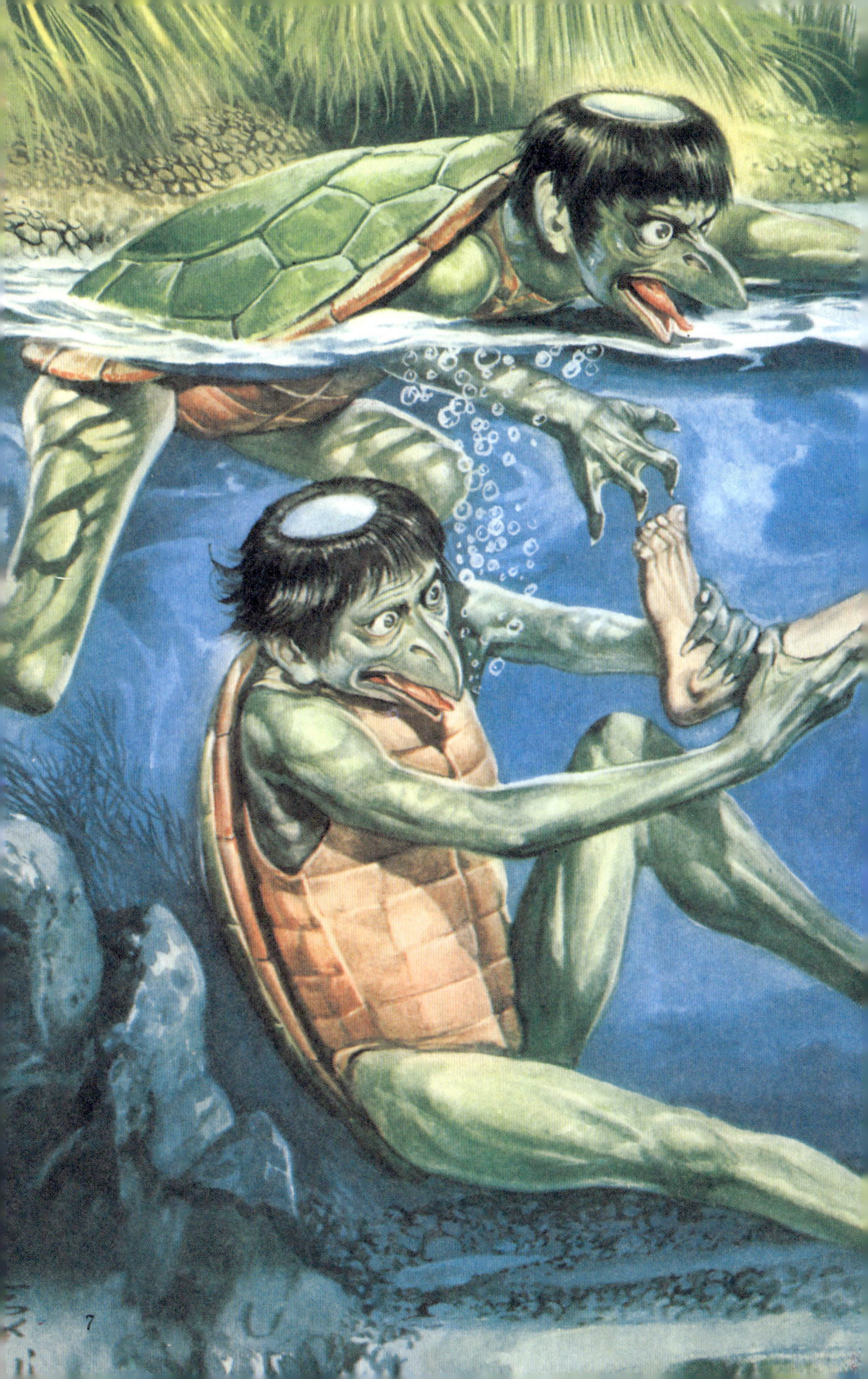

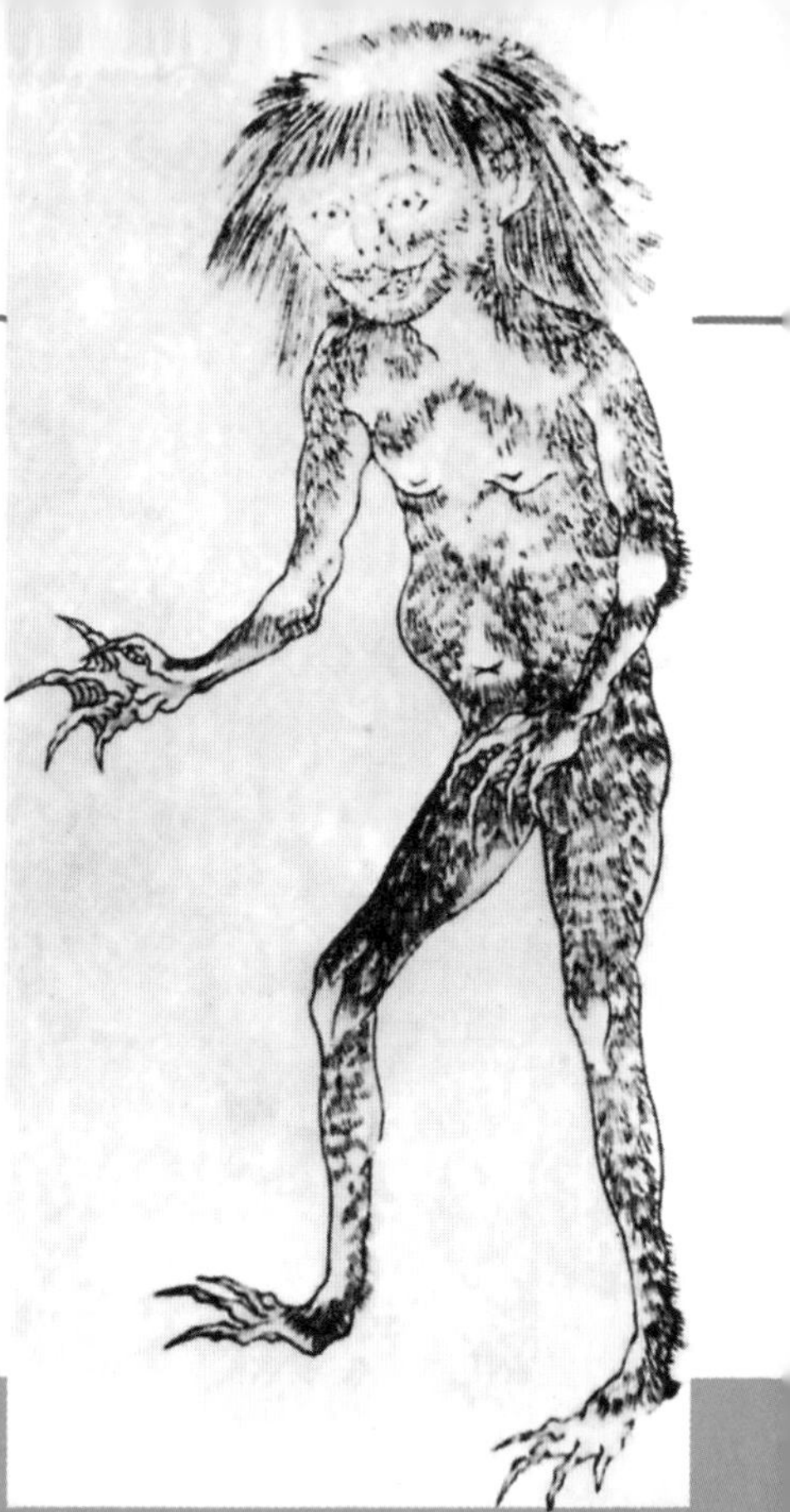

▶関東地方《かんとうちほう》の利根川《とねがわ》には，たいへんな数《かず》の河童《かっぱ》がいてすごい勢力《せいりょく》をもっていた。ネネコという女《おんな》の河童《かっぱ》親分《おやぶん》が，子分《こぶん》をひきつれて利根川《とねがわ》一帯《たい》でイタズラをくりかえしていたという。

◀福岡県《ふくおかけん》の太宰府《だざいふ》にある河童《かっぱ》のミイラ

河童《かっぱ》のなぞ

北《きた》は青森《あおもり》から南《みなみ》は九州《きゅうしゅう》の鹿児島《かごしま》まで河童《かっぱ》は全国《ぜんこく》いたるところの川《かわ》にすんでいた。そのよび名《な》も地方《ちほう》によってちがうが、背《せ》たけは約《やく》九〇〜一二〇センチで、子供《こども》くらい。

背中《せなか》にカメのような甲《こう》らをつけ、そのはだはぬめぬめと青黒《あおぐろ》く光《ひか》っていた。緑色《みどりいろ》のはだをした河童《かっぱ》もあってヘンになまぐさいようなにおいがした。

河童《かっぱ》はとくに相撲《すもう》ずきで、おかにあがって河童《かっぱ》どうしで相撲《すもう》をとっていたという。ときには人間《にんげん》に話《はな》しかけ相撲《すもう》をいどんだ。ところが、河童《かっぱ》はからだが小《ちい》さいくせに、とても力《ちから》が強《つよ》く、人間《にんげん》の大人《おとな》でも負《ま》けてしまって、うっかりすると、そのまま川《かわ》の中《なか》へ、引《ひ》きずりこまれてしまった。

◀九州《きゅうしゅう》の河童《かっぱ》は派《は》ばつがいくつもあって、大分《おおいた》河童《かっぱ》や熊本《くまもと》河童《かっぱ》、福岡《ふくおか》河《かっ》童《ぱ》などにわかれていたという。なかでも有名《ゆうめい》な親分《おやぶん》は九千坊《きゅうせんぼう》という河童《かっぱ》だったが、利根川《とねがわ》のネネコ親分《おやぶん》にはかなわなかったとか。

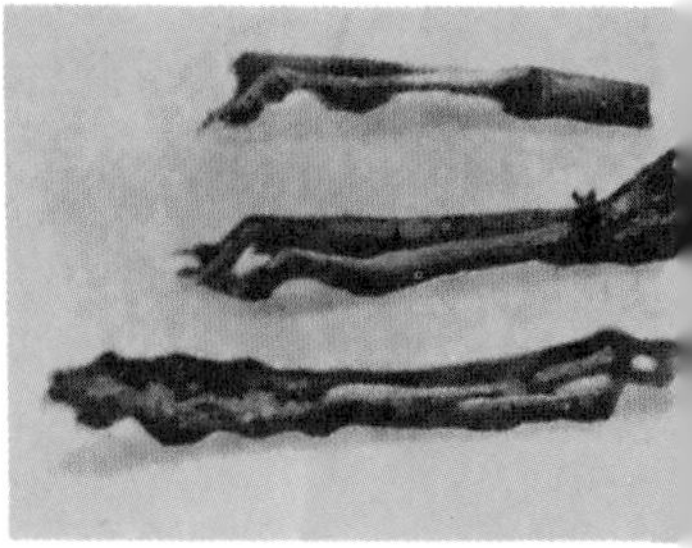

▲福岡県《ふくおかけん》久留米市《くるめし》にある河童《かっぱ》の手《て》の骨《ほね》

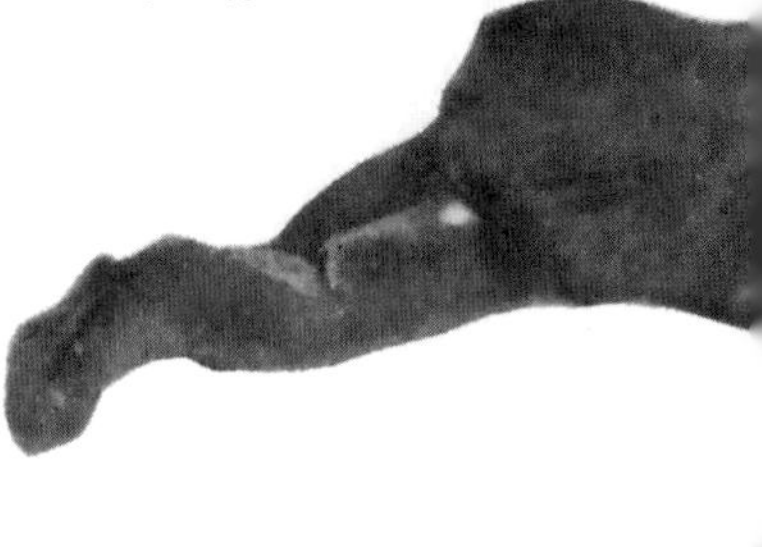

また河童《かっぱ》のイタズラは馬《うま》を川《かわ》の中《なか》にひきずりこんで死《し》なせたり、いけすの魚《さかな》をぬすんだり、河童《かっぱ》の大好《だいす》きなキュウリ畑《ばたけ》をあらしまわったり、子《こ》どものおしりの穴《あな》に手《て》をつっこんで、しりの子《こ》をぬいてたべたりした。

しかし、頭《あたま》のおさらの水《みず》がなくなると、とたんに、弱《よわ》くなった。そこを人間《にんげん》につかまったり、刀《かたな》で手《て》を切《き》られたりするとどんな傷《きず》でもなおるという薬《くすり》をくれて、逃《に》がしてくれとあやまったという。また河童《かっぱ》の正体《しょうたい》はカワウソという説《せつ》もあるが、いまだにナゾはとけず、あるいはほんとうにいた動物《どうぶつ》の一種《しゅ》かもしれない。

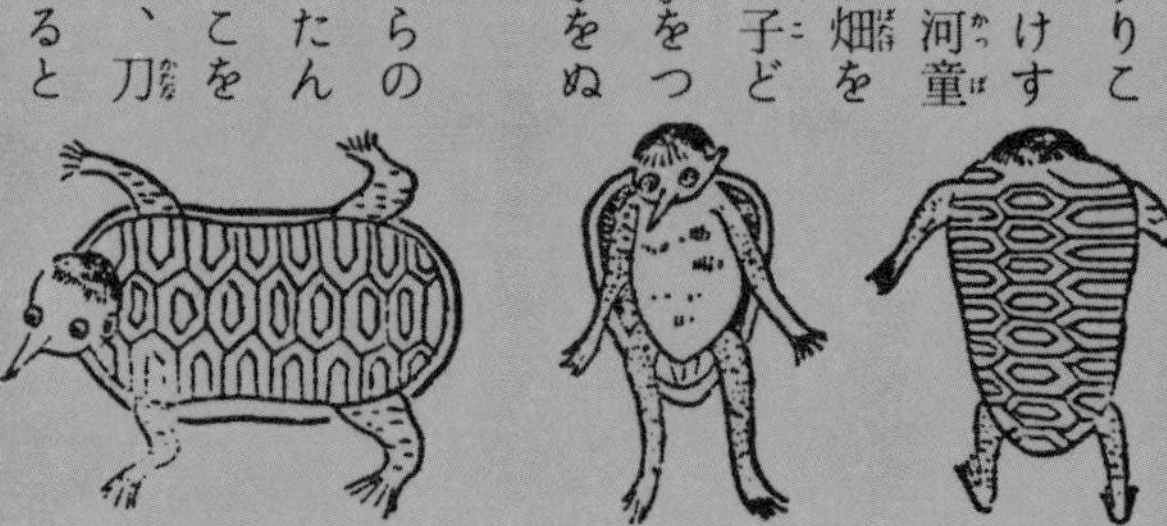

▲カメ型《がた》の河童《かっぱ》を表《おもて》・裏《うら》・上《うえ》からみた図《ず》。

▼青森県《あおもりけん》の恐山《おそれざん》にある地獄《じごく》そっくりの場所《ばしょ》には，血《ち》の池《いけ》がある。

鬼《おに》

頭《あたま》に牛《うし》のような角《つの》を二本《ほん》はやし、トラの皮《かわ》のふんどしをして鉄棒《てつぼう》をもった青鬼《あおおに》や赤鬼《あかおに》は、地獄《じごく》にすんでいた。しかし、この地獄《じごく》の鬼《おに》たちはやがて地上《ちじょう》にあらわれて、さかんに人間《にんげん》をおそうようになった。だが、このような恐《おそ》ろしい鬼《おに》は、どのようにして生《う》まれ、どんな種類《しゅるい》があるのだろうか。その正体《しょうたい》をさぐると…。

▲青鬼《あおおに》や赤鬼《あかおに》，えんま大王《だいおう》がいるという恐《おそ》ろしい地獄《じごく》のようす。

▼地獄《じごく》の鬼《おに》たちが，人間《にんげん》を石《いし》の板《いた》でおしつぶしている地獄《じごく》のようす。
人間《にんげん》の罪《つみ》の重《おも》さによって，刑《けい》ばつも重《おも》くなったり軽《かる》くなったりする。

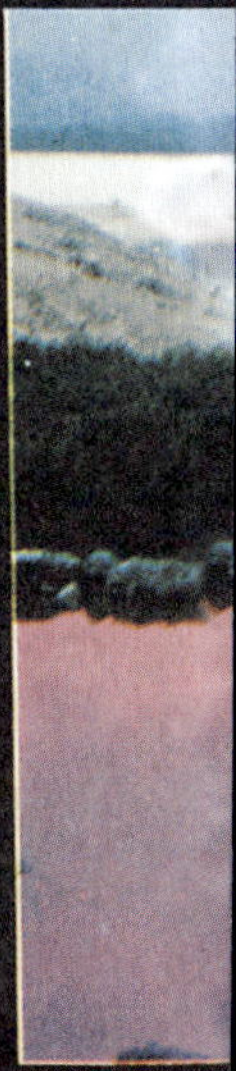

▼地獄《じごく》の三つ目《め》の鬼《おに》たちが，餓鬼《がき》の亡者《もうじゃ》にせまっているところ。

地《じ》獄《ごく》の鬼《おに》たち

この世《よ》に地獄《じごく》があると広《ひろ》く信《しん》じられるようになったのは、いまから千年《ねん》以上《いじょう》まえの奈良時代《ならじだい》からだ。その地獄《じごく》には、えんま大《だい》王《おう》がいて、その子分《こぶん》が鬼《おに》である。地獄《じごく》の鬼《おに》たちは、えんま大王《だいおう》が決《き》めた人間《にんげん》の刑《けい》ばつを忠実《ちゅうじつ》に行《おこ》なう役目《やくめ》をもっていた。

▼腰《こし》のところにある小づちでいろいろな魔術《まじゅつ》を使《つか》ったという鬼《おに》。

⦿人間《にんげん》をたべる地獄《じごく》の鬼《おに》

針山地獄とか火の山地獄、血の池地獄《ごく》、氷《こおり》地獄《じごく》、石《いし》うす地獄《じごく》などに人間《にんげん》をつれて行《い》って、そこから逃《に》げないように人間《にんげん》を見《み》はるのだ。

そして、ときには人間《にんげん》の肉《にく》をたべたり、血《ち》をすったりしたという。だから、鬼《おに》は恐《おそ》ろしい悪魔《あくま》として、人間《にんげん》からものすごく恐《おそ》れられたのだ。

「地獄《じごく》へ行《い》くと鬼《おに》にたべられるぞ！」というので、人《ひと》びとはまず死《し》んでも地獄《じごく》へ行《い》かないように、悪《わる》いことをしてはならないと考《かんが》えるようになったほどである。

ところが、この地獄《じごく》の鬼《おに》たちは、やがて地獄《じごく》での仕事《しごと》をさぼって、ときどき地獄《じごく》の世界《せかい》から地上《ちじょう》にあらわれるようになった。もちろん、人間《にんげん》をおそって人間《にんげん》をたべたりしたので、鬼《おに》は妖怪《ようかい》のNo.《ナンバー》1《ワン》にのしあがってしまった。

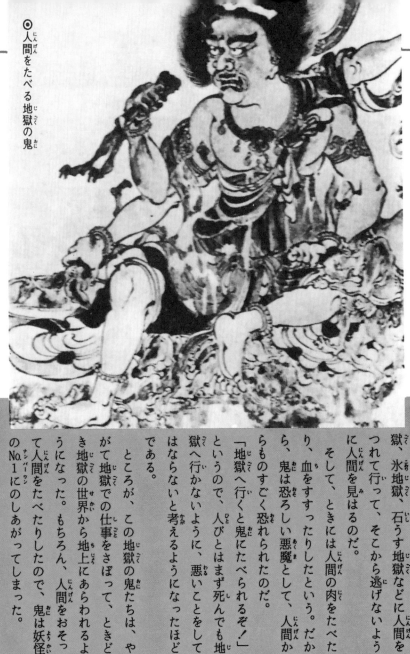

▼京都《きょうと》の大江山《おおえやま》にすんでいた酒呑童子《しゅてんどうじ》という鬼《おに》の親分《おやぶん》とその子分《こぶん》の鬼《おに》たちをたいじしたのが源頼光《みなもとのよりみつ》。酒《さけ》の中《なか》に，しびれぐすりをいれてのませ，鬼《おに》の首《くび》を切《き》ったという。

鬼《おに》たいじ

平安時代《へいあんじだい》になると、鬼《おに》はさかんに地上《ちじょう》にあらわれて、美《うつく》しい女《おんな》の人《ひと》に化《ば》けたり、小《ち》さな子供《こども》になったり、あるいは美男子《びなんし》に化《ば》けたりして、人間《にんげん》に近《ちか》づき、おそいかかって人間《にんげん》をたべた。

そこで、勇《いさ》ましい武士《ぶし》たちが〈鬼《おに》たいじ〉に出《で》かけ、鬼《おに》だけがしびれて動《うご》けなくなるというくすりを酒《さけ》の中《なか》にいれてのませ、そのすきにたいじするという方法《ほうほう》をとった。

ところが、こんどは鬼《おに》の恐《おそ》ろしさを利用《りよう》して、人間《にんげん》の山《さん》ぞくたちが鬼《おに》の面《めん》をかぶったりして、人間《にんげん》からお金《かね》や着物《きもの》をぬすむことが大流行《だいりゅうこう》した。たとえば、有名《ゆうめい》な石川五《いしかわご》右衛門《えもん》なども、鬼《おに》の面《めん》をかぶって人間《にんげん》をおどろかせ、そのすきにゆうゆうとお金《かね》をかすめとったこともあるという。悪《わる》い人間《にんげん》が反対《はんたい》に鬼《おに》を利用《りよう》したのである。

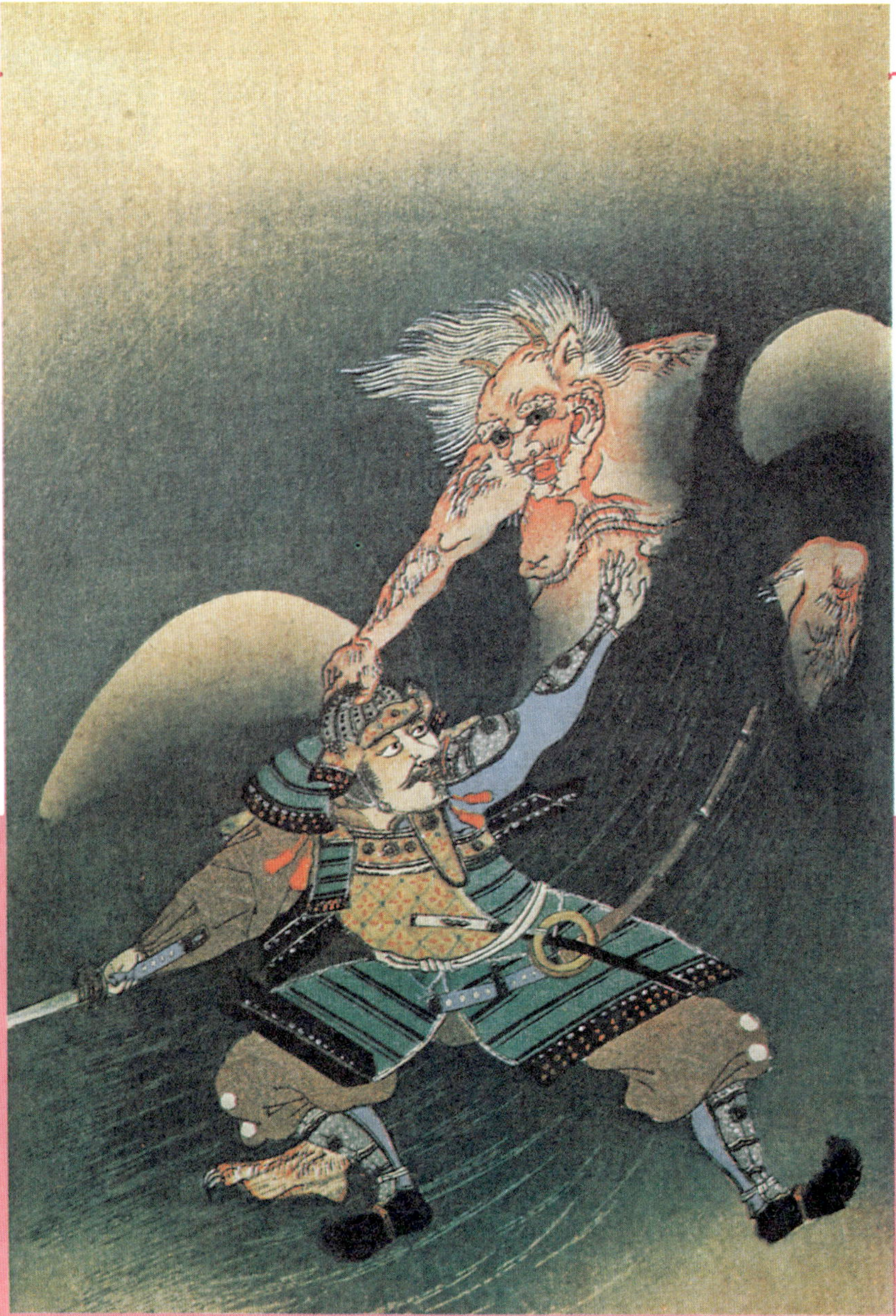

▲京都《きょうと》の羅生門《らしょうもん》にあらわれた鬼《おに》の腕《うで》を切《き》ったという渡辺綱《わたなべのつな》。

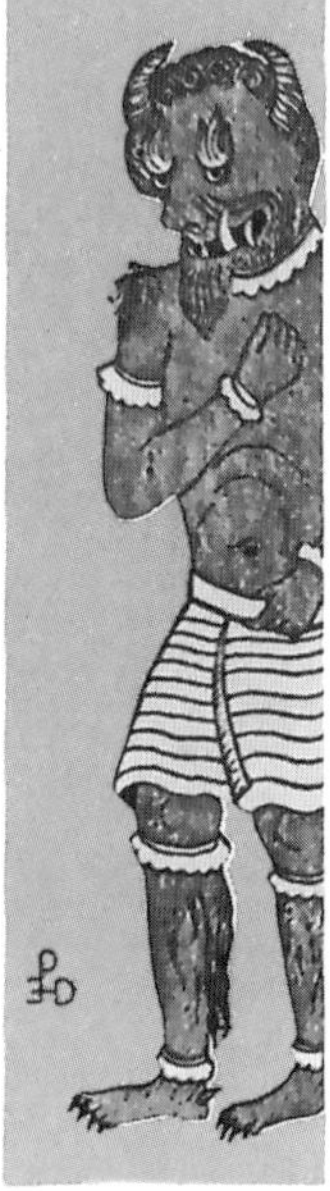

▶鬼《おに》はインドから中国《ちゅうごく》をへて伝《つた》わった。

▲奈良時代《ならじだい》にかかれた日本《にほん》でもっとも古《ふる》い鬼《おに》の絵《え》。
雪山童子《ゆきやまどうじ》という人《ひと》が，鬼《おに》のいけにえになったという。

鬼《おに》の正体《しょうたい》をさぐる

「鬼《おに》は外《そと》……福《ふく》は内《うち》……」といって豆《まめ》をばらまくのは二月《がつ》四日《か》の節分《せつぶん》の日《ひ》。

いまでは、悪《わる》いやつには〈鬼《おに》のような人《ひと》だ〉とか〈〇〇鬼《き》〉とか名づけて、鬼《おに》は悪《あく》の代表者《だいひょうしゃ》になっている。節分《せつぶん》の日《ひ》に豆《まめ》を投《な》げつけて鬼《おに》を追《お》いだすというのも、実《じつ》は悪《わる》い病気《びょうき》だとか悪《わる》いことがおきないようにという意味《いみ》がこめられている。

ところで、日本《にほん》の歴史《れきし》をかいた古書《こしょ》『日本《にほん》書紀《しょき》』などを調《しら》べてみると、鬼《おに》のことをアシキモノといって、鬼《おに》はすべての悪《わる》いことをする怪物《かいぶつ》ということになっている。つまり、千年以上《ねんいじょう》の昔《むかし》もいまも、鬼《おに》にたいする考《かんが》えは、あまり変《か》わっていないようだ。

しかし、この鬼《おに》がどこからやってきたのかをしらべてみると、インドから中国《ちゅうごく》をへて日本《にほん》へ伝《つた》わったらしい。鬼《おに》のモデルにな

▲いかにも恐《おそ》ろしい姿《すがた》にえがかれた鬼《おに》の絵《え》。

ったのは、恐ろしい顔をした悪の神で、夜叉《しゃ》という妖怪《ようかい》からうまれたようだ。そしてこの鬼《おに》が地獄《じごく》の世界《せかい》にすみついていると信《しん》じられたのである。

　ところで、昔《むかし》は日本《にほん》の海岸《かいがん》に船《ふね》で難破《なんぱ》して流《なが》れついた外国人《がいこくじん》を見《み》て、ひどくびっくりし、「赤《あか》い鬼《おに》だ」と決《き》めつけたこともあった。ひふが白《しろ》くてハナが高《たか》く、背《せ》が大《おお》きくて赤《あか》っぽい髪《かみ》の毛《け》をした異国人《いこくじん》をはじめて見《み》た昔《むかし》の人《ひと》たちは、おどろきと恐《おそ》ろしさのあまりに、鬼《おに》だと思《おも》いこんでしまったのだろう。

▲ユーモアのある鬼《おに》の絵《え》。

天《てん》　狗《ぐ》

牛若丸《うしわかまる》（源義経《みなもとのよしつね》）に剣術《けんじゅつ》をおしえたという京都《きょうと》の鞍馬山《くらまやま》の天狗《てんぐ》をはじめ，全国《ぜんこく》の山々《やまやま》にすんでいた天《てん》狗《ぐ》とその子分《こぶん》・からす天狗《てんぐ》の正体《しょうたい》はなんだろうか。

19
IsHi
HAKA

▼大天狗《おおてんぐ》の子分《こぶん》・からす天狗《てんぐ》。

▼これは九州《きゅうしゅう》にあらわれた大天狗《おおてんぐ》で，人間《にんげん》より10倍《ばい》も背《せ》が高《たか》い。

天狗《てんぐ》のなぞとふしぎ

▼天狗《てんぐ》は空《そら》を飛《と》ぶこともでき，人間《にんげん》をさらって空《そら》を飛《と》んだという昔《むかし》の絵《え》。

天狗《てんぐ》の正体《しょうたい》については、二つの説《せつ》がある。ひとつは山《やま》の神説《かみせつ》で、妖怪《ようかい》・ほうこうのようになん百年《ねん》とたった古《ふる》い木《き》の妖精《ようせい》が天狗《てんぐ》になったという考《かんが》え。もうひとつは、天《てん》を飛《と》ぶふしぎな妖魔《ようま》という説《せつ》である。しかし天狗《てんぐ》は山《やま》にすんでいて、ものすごく背《せ》が高《たか》く、空《そら》を飛《と》ぶ能力《のうりょく》をもっているところから

▶神奈川《かながわ》県《けん》大雄山《だいゆうざん》にある天狗《てんぐ》の像《ぞう》。

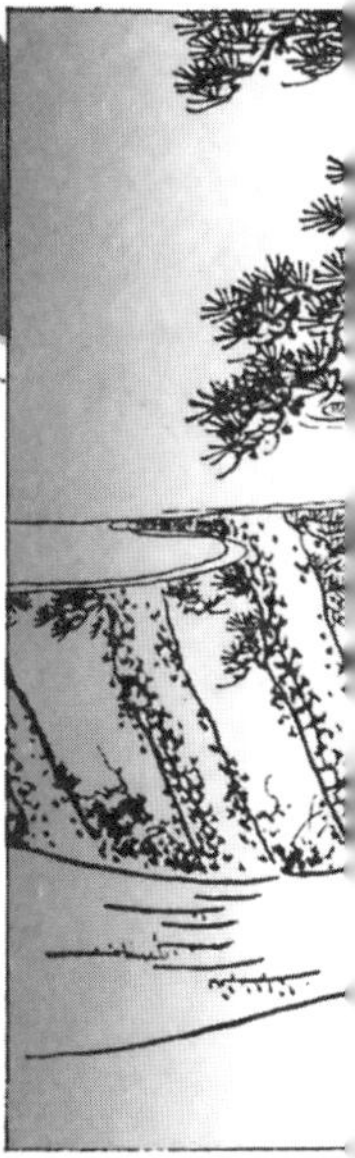

山のぬしであるという考えが多いようだ。

ところで、天狗《てんぐ》は赤《あか》くて高《たか》いハナを持《も》ち足《あし》には鉄《てつ》のゲタをはき、ふしぎなウチワをふると大風《おおかぜ》をまきおこすこともできる。たとえば天狗《てんぐ》だおしといって、月《つき》のでている夜《よる》でも、森《もり》に大嵐《おおあらし》がとつぜんおこって、大《おお》きな木《き》がたおれたり岩《いわ》がわれたりするということがあった。

ところが、そんな大嵐《おおあらし》がおこったというのに、嵐《あらし》がしずまったあとには木《こ》の葉《は》一枚《まい》もおちていないのだ。さらに、天狗《てんぐ》つぶてといって空《そら》から雨《あめ》のように石《いし》がふってくることがあったという。昔《むかし》の人《ひと》たちは、このふしぎな現象《げんしょう》を天狗《てんぐ》のしわざにちがいないと考《かんが》えたのだ。しかし、いまの科学者《かがくしゃ》の考《かんが》えでは天狗《てんぐ》だおしの正体《しょうたい》は、地《じ》震《しん》が原因《げんいん》ではないかといっている。

幽《ゆう》霊《れい》

人間《にんげん》は死《し》んでから幽霊《ゆうれい》になるという。だれでも幽霊《ゆうれい》になれるのだろうか。幽霊《ゆうれい》の多《おお》くのナゾをさぐってみると……。

▶この絵《え》は、日本《にほん》でもっとも古《ふる》い幽霊《ゆうれい》の絵《え》で、平《へい》安時代《あんじだい》の菅原道真《すがわらみちざね》という人《ひと》の亡霊《ぼうれい》だ。この道真《みちざね》の幽霊《ゆうれい》には、はっきりと足《あし》があり、道真《みちざね》をおとしいれた藤原《ふじわら》一族《ぞく》に四十年間《かん》もたたったという。

幽霊《ゆうれい》には足《あし》があった！

人間《にんげん》が死《し》ぬと、だれでも幽霊《ゆうれい》になってでるのだろうか。幽霊《ゆうれい》がさかんにでるようになったのは、いまから六百年《ねん》ほどまえの室《むろ》町時代《まちじだい》からである。このころから、人々《ひとびと》は人間《にんげん》の死後《しご》の世界《せかい》を考《かんが》えるようになったからだ。

善人《ぜんにん》は死《し》んで天国《てんごく》へ行《い》くが、悪人《あくにん》は死《し》ぬと地獄《じごく》へおちる。しかし、天国《てんごく》へも地獄《じごく》へも行《い》けず、この世《よ》にさまよっている死《し》人《にん》の魂《たましい》が幽霊《ゆうれい》だと考《かんが》えられていたのだ。

▲江戸時代《えどじだい》の初期《しょき》には，足《あし》のある幽霊《ゆうれい》がえがかれていた。

▶顔《かお》の見《み》えない幽霊《ゆうれい》で、階段《かいだん》だけがギイッギイッと音《おと》をたてる。

▶ゲタをはいた二本足《にほんあし》の幽霊《ゆうれい》が、カランコロンと足音《あしおと》をたてる。

▶影絵《かげえ》のような黒《くろ》い幽《ゆう》霊《れい》で、音《おと》をたてない。

▲江戸時代《えどじだい》の後期《こうき》には，幽霊《ゆうれい》の芝居《しばい》がものすごいブームになり，上《うえ》の絵《え》のように変《か》わった幽霊《ゆうれい》がいろいろと考《かん》えだされた。

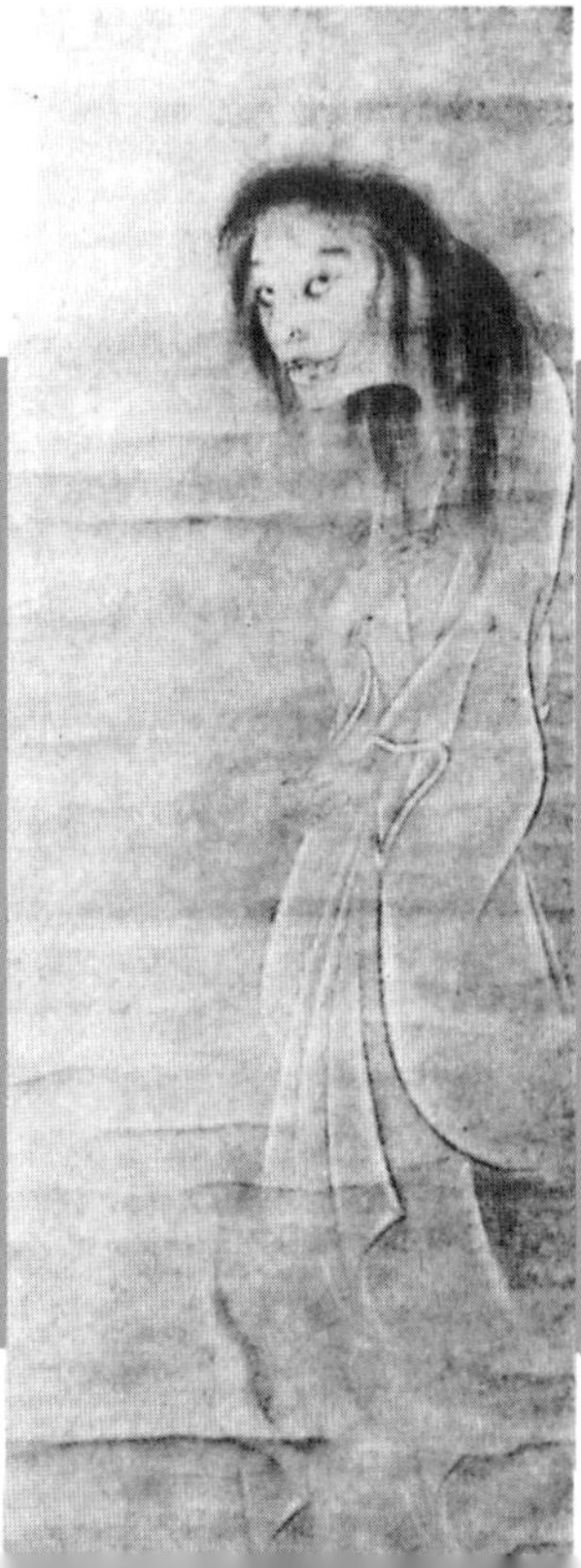

◀江戸時代《えどじだい》の円山応挙《まるやまおうきょ》がかいた幽霊《ゆうれい》の絵《え》。

もし、生きていたとき善人であった人でも、まだこの世《よ》に、うらみがのこっている人《ひと》は、死《し》んでから幽霊《ゆうれい》になってあらわれるのだという。

ところが、幽霊《ゆうれい》についてよくしらべてみると、最初《さいしょ》のうちはちゃんと足《あし》がえがかれていることがわかった。しかし、江《え》戸《ど》時代《じだい》の中期《ちゅうき》に、円山応挙《まるやまおうきょ》という画家《がか》がはじめて足《あし》のない絵《え》をかいたところ、みるからに恐《おそ》ろしい姿《すがた》となったので、大評《だいひょう》判《ばん》。それ以来《いらい》、幽霊《ゆうれい》は足《あし》のないものと決《き》められてしまったのである。

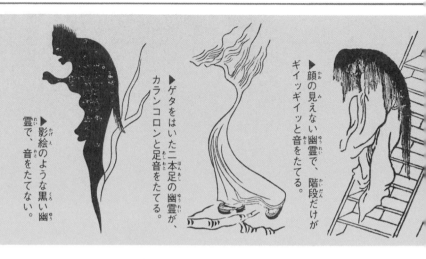

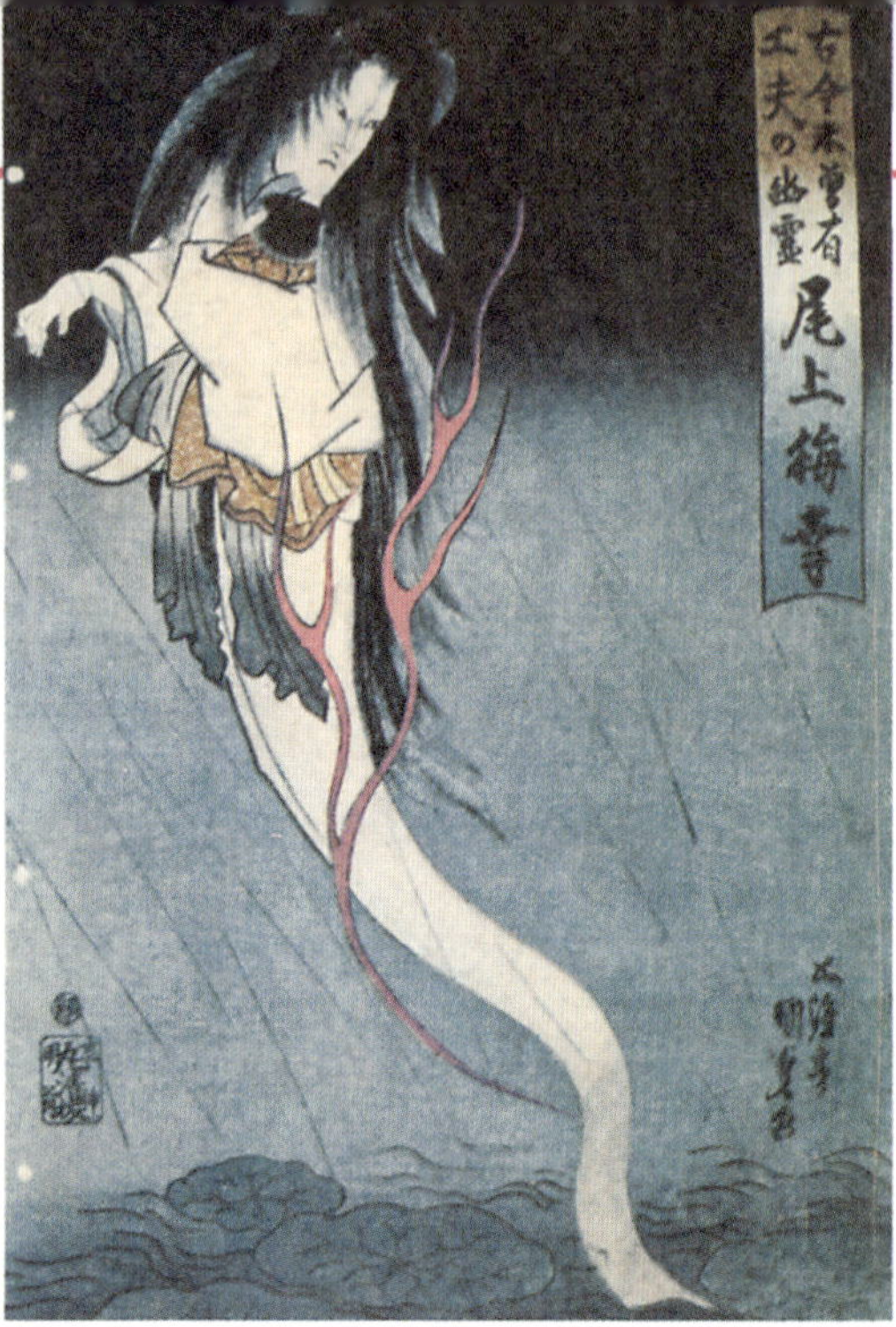

▶芝居《しばい》で大評判《だいひょうばん》の幽霊《ゆうれい》もの。

円山応挙《まるやまおうきょ》は足《あし》のない幽霊《ゆうれい》に、さらに恐《おそ》ろしさをだすためにうすい物《もの》を着《き》せて絵《え》をかいた。

なぜ女《おんな》の幽霊《ゆうれい》が多《おお》い？

幽霊《ゆうれい》には、たいへん女《おんな》の幽霊《ゆうれい》が多《おお》い。いったいなぜだろうか。それは、生《い》きていたときに、うらみやつらみが強《つよ》かった人《ひと》ほど幽霊《ゆうれい》になりやすいからだという。

とくに昔《むかし》は、封建社会《ほうけんしゃかい》という女性《じょせい》にはきびしい世《よ》の中《なか》だったので、女《おんな》の人《ひと》はつらいことにもたえしのぶことが多《おお》かった。しかも、女性《じょせい》は感情《かんじょう》が強《つよ》く愛情《あいじょう》も深《ふか》いので、死《し》んでから、うらみをのべることしかできなかったのだろう。

だから、女《おんな》の幽霊《ゆうれい》ではなくても、自殺《じさつ》した人《ひと》の幽霊《ゆうれい》はまだすこし、ひかえめだが、殺《ころ》された人《ひと》の幽霊《ゆうれい》はしつこくでる。だまされたり、おとしいれられたり、いじめられたりして殺《ころ》された人《ひと》は、死《し》んでも死《し》にきれないうらみがのこるので、幽霊《ゆうれい》は「うらめしやー」と、その相手《あいて》の人《ひと》にたたるのだ。

▲江戸時代《えどじだい》の世界的《せかいてき》に有名《ゆうめい》な画家《がか》〈北斎《ほくさい》〉のかいた幽霊《ゆうれい》の絵《え》。

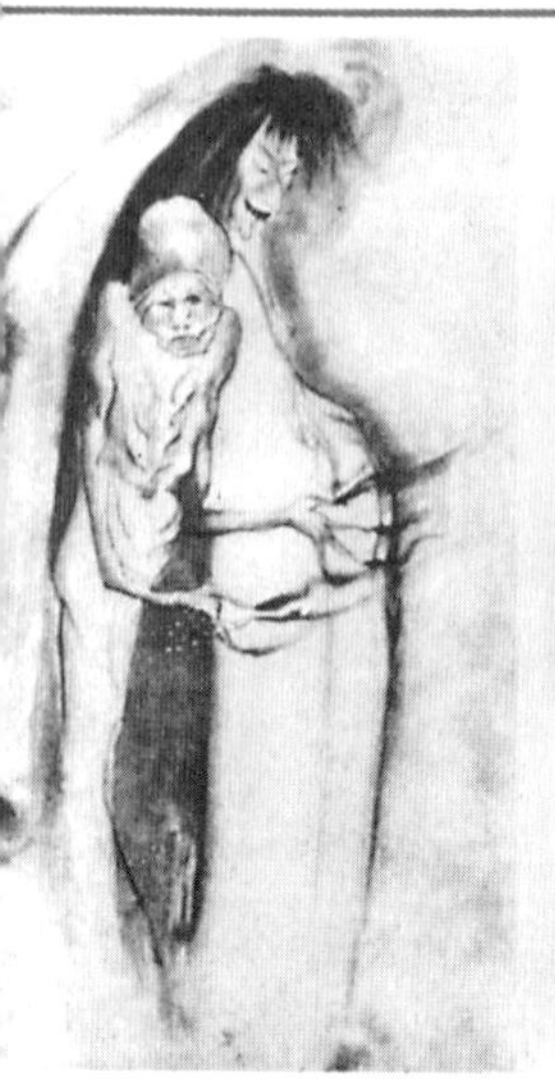

▲奇形児《きけいじ》の幽霊《ゆうれい》。指《ゆび》が3本《ぼん》ずつしかなく親《おや》の幽霊《ゆうれい》といっしょにあらわれる。

▼江戸時代《えどじだい》のこと。おつゆという若《わか》い娘《むすめ》が，ある男《おとこ》の人《ひと》を好《す》きになったが死《し》んでしまった。その亡霊《ぼうれい》が，ぼたんどうろうをともしてあらわれたが，恐《おそ》ろしいガイコツだったという。

幽霊《ゆうれい》のいろいろ

▲白《しろ》い蒸気《じょうき》のようになって出《で》る白《しろ》い幽霊《ゆうれい》。

幽霊《ゆうれい》には、いろいろとかわったものがいて、幽霊《ゆうれい》のくせに結婚《けっこん》を申《もう》しこんだもの、子《こ》どもをうんだ幽霊《ゆうれい》や火《ひ》つけ専門《せんもん》の幽霊《ゆうれい》、生《い》きている人《ひと》そっくりに化《ば》けてあらわれる幽霊《ゆうれい》、さかさまになってでる幽霊《ゆうれい》など、さまざまだ。しかし、どの幽霊《ゆうれい》もとくに日光《にっこう》や強《つよ》い風《かぜ》をきらい、夜《よる》おそくなると、古《ふる》い友人《ゆうじん》や家族《かぞく》の人《ひと》や恋人《こいびと》のところへあらわれる。幽霊《ゆうれい》はなまぐさいにおいをもっているので、すぐにわかるが、幽霊《ゆうれい》に手足《てあし》をつかまれたりすると、そのにおいが着物《きもの》にしみ

▼子《こ》連《づ》れ幽霊《ゆうれい》，赤《あか》ん坊《ぼう》のおしりのところが，ぶきみで悲《かな》しげだ。

▲墓場《はかば》の幽霊《ゆうれい》。骨《ほね》と皮《かわ》ばかりの恐《おそ》ろしい姿《すがた》であらわれる。

ついて　なかたたとわたないとし

しかし、幽霊《ゆうれい》はふつう、まったく知《し》らない人《ひと》のところへでることは少《すく》ない。なぜかというと、幽霊《ゆうれい》は不幸《ふこう》にさせられたり、だまされたことを、この世《よ》の人《ひと》にうったえるために「うらめしやー」といったり、ふくしゅうしたりするからだ。だから、こらしめる相手《あいて》の人《ひと》のところへ、最初《さいしょ》にあらわれるのがふつうで、自分《じぶん》をいじめた人間《にんげん》のそばにいないとさびしいのだそうだ。

風《ふう》神《じん》・雷《らい》神《じん》

雷神《らいじん》は、鬼《おに》のような姿《すがた》をしていて、トラの皮《かわ》のふんどしをまとい、背中《せなか》にはタイコをいくつも輪《わ》のような形《かたち》につけていた。昔《むかし》の人《ひと》たちは、ものすごい雷《かみなり》の音《おと》をきいてびっくりし、恐《おそ》ろしい魔力《まりょく》をもった雷神《らいじん》がタイコをたたいて音《おと》をだすのだろうと信《しん》じていたのだ。

平安時代《へいあんじだい》の学者《がくしゃ》である菅原道真《すがわらみちざね》という人《ひと》が死《し》んで、そのうらみをはらすため雷《かみなり》になったという伝説《でんせつ》もあったが、これはとくべつの例《れい》である。雷《かみなり》がなってイナビカリを発《はっ》し、耳《みみ》をつんざくばかりの大音《だいおん》響《きょう》とともに、落下《らっか》すると、大きな木《き》がたおれたり、家《いえ》がやけたり人間《にんげん》が死《し》んだりしたので、恐《おそ》ろしい妖怪《ようかい》というより、も

▲左《ひだり》のほうが雷神《らいじん》で，右《みぎ》のほうが風神《ふうじん》。

▲雷《かみなり》がおちて多《おお》くの人《ひと》が死《し》んだ昔《むかし》の絵《え》。

っとすごい神さまというふうに考えられたのだ。そして雷《かみなり》さまは子供《こども》のヘソをとってたべるとまでいわれた。

また、風神《ふうじん》はものすごい台風《たいふう》やつめたい北風《きたかぜ》をまきおこす神《かみ》さまとして考《かんが》えられた。大《おお》きなフクロから魔力《まりょく》を使《つか》って強《つよ》い風《かぜ》や弱《よわ》い風《かぜ》をだすものだと、昔《むかし》の人《ひと》たちは信《しん》じていたのである。

妖怪学①

▶ただ一度《ど》だけあらわれて、妖怪《ようかい》を

＊妖怪《ようかい》の分類《ぶんるい》

- ●幽霊《ゆうれい》（霊魂《れいこん》がこの世《よ》にあらわれたもの）
  - 人魂《ひとだま》……うらみをもたない霊魂《れいこん》の火《ひ》
  - 生霊《いきりょう》……生《い》きている人《ひと》ののろいが亡霊《ぼうれい》になる
  - 死霊《しりょう》……死《し》んだ人《ひと》のうらみが幽霊《ゆうれい》になる
- ●妖怪《ようかい》（ふしぎな魔力《まりょく》をもった怪獣《かいじゅう》や正体《しょうたい》不明《ふめい》のもの）
  - 人間《にんげん》の姿《すがた》をしたもの……ろくろ首《くび》・雪女《ゆきおんな》
  - 動物《どうぶつ》の姿《すがた》をしたもの……河童《かっぱ》・九尾《きゅうび》のきつね
  - 人獣《にんじゅう》の姿《すがた》をしたもの……女郎《じょろう》ぐも・人魚《にんぎょ》・鬼《おに》
  - 魔力《まりょく》をもった怪獣《かいじゅう》……ほうこう・わいら
  - 昆虫《こんちゅう》の姿《すがた》をしたもの……かみきり・土《つち》ぐも
  - 悪霊《あくりょう》がとりついたもの……死神《しにがみ》・うぶめ
  - 空想《くうそう》でつくられたもの……キリン・ばく・ぬえ
  - 正体《しょうたい》のわからないもの……ちみ・もうりょう
- ●変化《へんげ》（たぬきやきつね植物《しょくぶつ》などが化《ば》けたもの）
  - 動物《どうぶつ》……きつね・たぬき・てん・鉄鼠《てっそ》
  - 植物《しょくぶつ》……芭蕉《ばしょう》の精《せい》・木《こ》だま・野《の》づち
  - 鉱物《こうぶつ》……殺生石《せっしょうせき》・泣《な》き岩《いわ》
  - 器物《きぶつ》……ほうき神《がみ》・蛇帯《じゃたい》・お化《ば》けちょうちん
- ●超自然《ちょうしぜん》
  - 正体《しょうたい》のわかるもの……不知火《しらぬい》・しんきろう
  - 正体《しょうたい》のわからないもの……鬼火《おにび》・きつね火《び》

1 動物の妖怪

＊

動《どう》物《ぶつ》の妖《よう》怪《かい》は、いったいどのようにしてふしぎな超《ちょう》能《のう》力《りょく》をもったのだろうか。

たぬきやきつねは、ほんとうに妖《よう》怪《かい》に化《ば》けたり人間《げん》をだますことができるのだろうか。いろいろな動《どう》物《ぶつ》の妖《よう》怪《かい》の魔《ま》力《りょく》をくわしくさぐってみて、そのナゾ多い秘《ひ》密《みつ》をあかしてみようではないか。

猫《ねこ》または美《うつく》しい娘《むすめ》に化《ば》けるのがとくいだという。

ねこまた

かなり歳《とし》をとったオスのねこが，ねこまたになる。毛《け》は黒《くろ》ぐろとして黄色《きいろ》い毛《け》がすこしまじり，尾《お》の先《さき》が二つになり，大《おお》きいやつは3メートルにもなる。あと足《あし》で立《た》って人間《にんげん》の声《こえ》でしゃべり，死人《しにん》をおどらせたり，人間《にんげん》を殺《ころ》して，その人《ひと》に化《ば》けたりするという。

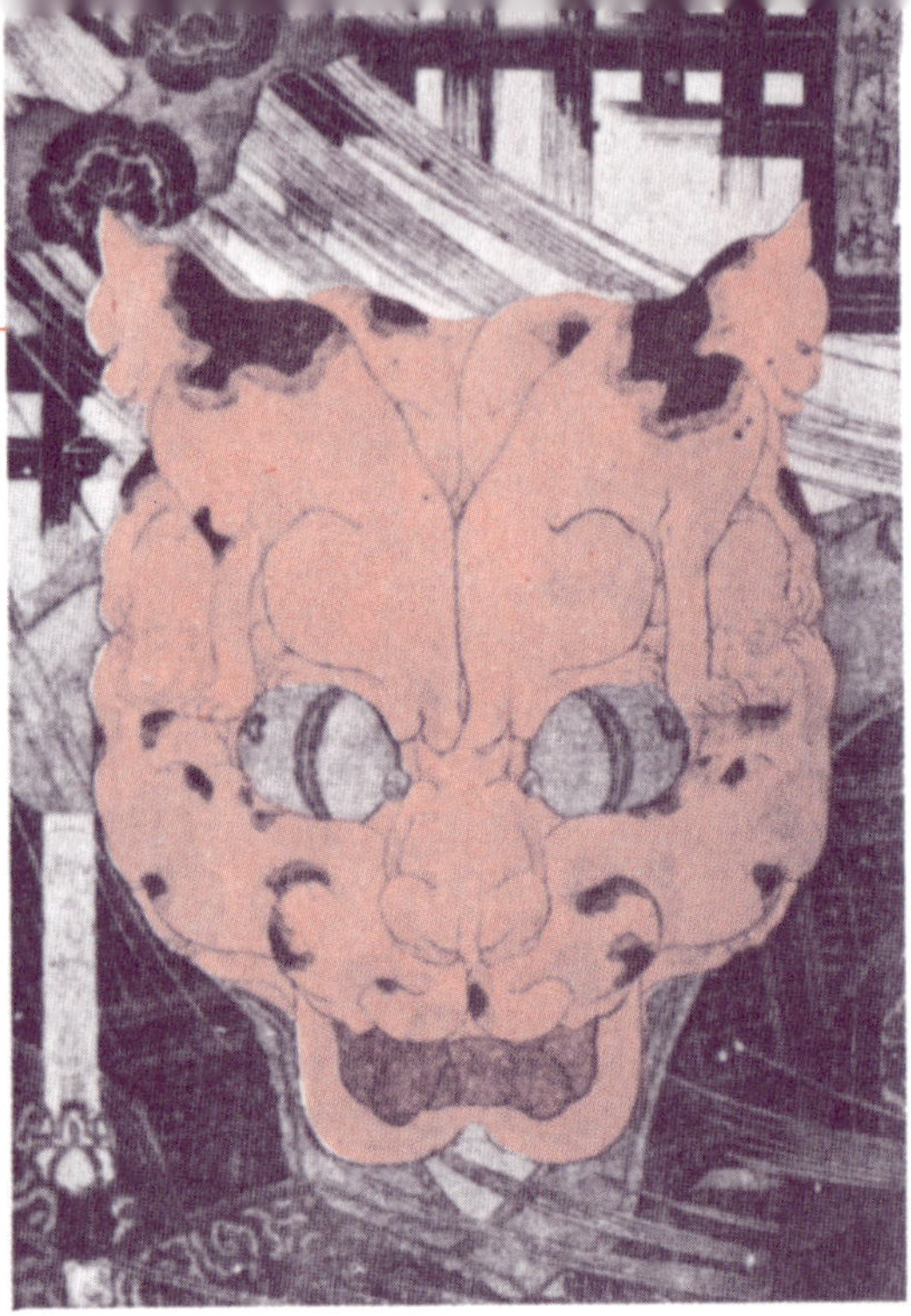

▶愛知県《あいちけん》岡崎《おかざき》の人《ひと》くい化《ば》けねこ。全部《ぜんぶ》でなんびきいるだろうか？

▲竜造寺家《りゅうぞうじけ》の化《ば》けねこの尾《お》は，七つもあった。

化《ば》けねこの正体《しょうたい》は？

ねこは、なぜ魔力《まりょく》をもつものと考《かんが》えられたのだろうか。歳《とし》とったねこは、両足《りょうあし》で立《た》ちあがって食器《しょっき》だなの戸《と》をあけたり、顔《かお》をあらうまねをすると雨《あめ》がふったりするというのは、ほんとうのことである。

それに、魚《さかな》をくってもそしらぬふりをしていたり、夜《よる》のくらいところで目《め》がきき、ねずみをざんにんに殺《ころ》してたべることなどから、そう考《かんが》えられたのかもしれない。

しかし、女《おんな》の人《ひと》に化《ば》けて人間《にんげん》をくい殺《ころ》したり、死体《したい》に魂《たましい》をいれて生《い》きかえらせるという化《ば》けねこの話《はなし》には、だまされて殺《ころ》された人《ひと》のうらみがこもっているようだ。

化《ば》けねことなってたたるというのは、だまされて殺《ころ》された、ねこの飼主《かいぬし》の家《いえ》の人々《ひとびと》が、ふくしゅうのために完全殺人《かんぜんさつじん》をはかり化《ば》けねこを利用《りよう》したのだろう。

▼佐賀県《さがけん》の鍋島家《なべしまけ》では竜造寺家《りゅうぞうじけ》の領地《りょうち》をのっとって主人《しゅじん》を殺《ころ》したところ，人間《にんげん》の血《ち》をなめた竜造寺家《りゅうぞうじけ》のねこが魔力《まりょく》をもち，女《おんな》の人《ひと》に化《ば》けて鍋島家《なべしまけ》の人《ひと》をくい殺《ころ》したという。

九尾《きゅうび》のきつね

いまから800年ほどまえ，中国《ちゅうごく》やインドをあらしまわっていた九尾《きゅうび》のきつねが日本《にほん》にやってきた。美《うつく》しい女《おんな》に化《ば》けて皇居《こうきょ》にもぐりこみ，そのときの鳥羽天皇《とばてんのう》を病気《びょうき》にさせて日本《にほん》を征服《せいふく》しようとしたのだ。しかし，安部泰親《あべのやすちか》という人《ひと》の魔《ま》よけの呪文《じゅもん》で正体《しょうたい》をあらわすや空《そら》を飛び，いまの栃木県那須野《とちぎけんなすの》が原《はら》へ逃げたという。

Ishi 39

つね

▼きつねは人間《にんげん》の死体《したい》からガイコツをかりてきて，頭《あたま》の上《うえ》にかかげ，北斗七星《ほくとしちせい》の方向《ほうこう》を向《む》いてほえると化《ば》けられる。

▶人間《にんげん》に化《ば》けたつもりのきつねが、まだ魔力《まりょく》がたりず、全身《ぜんしん》に毛《け》がのこっている。

きつねの化《ば》けかた

きつねは、たぬきとくらべて、たいへんずるがしこく人間《にんげん》をだますのがとくいだ。どこに、そんな魔力《まりょく》があるのか。歳《とし》をとったきつねは、しっぽがふえるといわれ、九尾《きゅうび》のきつねなどは、それだけ魔力《まりょく》も強《つよ》く栃木県《とちぎけん》の那須野《なすの》が原《はら》に逃《に》げてからも、いろいろな魔術《まじゅつ》を使《つか》ったという。そして三浦義明《みうらよしあき》の矢《や》をみけんにうけて死《し》んだが、さすがは九尾《きゅうび》のきつね。死《し》んでもなお恐《おそ》ろしい毒気《どくけ》をふきだす殺生石《せっしょうせき》と化《か》したという。

また、きつねはかれ葉《は》を小判《こばん》に見《み》せたり馬《うま》のフンをふかふかのまんじゅうに見《み》せたり、あるいは美《うつく》しい女《おんな》の人《ひと》に化《ば》けて男《おとこ》の人《ひと》をゆうわくしたり、なんでも自分《じぶん》の思《おも》いどおりに人間《にんげん》を動《うご》かすことができる。

これは、〈きつねつき〉といって、きつねが人間《にんげん》にのりうつって、人間《にんげん》の心《こころ》をすべて

▲どんなにうまく化《ば》けたきつねも影《かげ》だけは……。

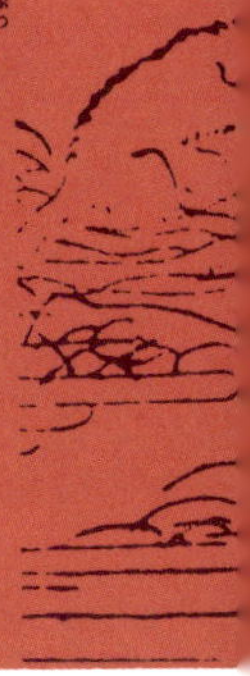

▼月《つき》のでた夜《よる》、植物《しょくぶつ》のモを頭《あたま》にかけて人間《にんげん》に化《ば》ける。

よみとることをいう。テレパシーのように人間《にんげん》の考《かんが》えていることをまえもって知《し》ることができるので、人間《にんげん》をかんたんにだましたり、人間《にんげん》を自由《じゆう》に動《うご》かすことができるのだ。そして、さいみん術《じゅつ》のように、

「あの木《こ》の葉《は》は、黄金《おうごん》の小判《こばん》だぞ！」

と、きつねにささやかれた人間《にんげん》は、まわりの人《ひと》がなんといおうと、木《こ》の葉《は》が小判《こばん》だと思《おも》いこんでしまうわけだ。

しかし、きつねはどうしてそんな魔力《まりょく》をもつ動物《どうぶつ》と考《かんが》えられたのだろうか。それはきつねがしっぽに火打石《ひうちいし》をまいて、石《いし》にたたきつけてきつね火《び》〈96ページを見《み》よ〉をもやしたり、植物《しょくぶつ》のモ（これはくらやみで光《ひか》るヒカリモだろう）やガイコツを頭《あたま》にかかげている姿《すがた》が、あまりにぶきみなので魔力《まりょく》をもつ妖怪《ようかい》と考《かんが》えられたのではなかろうか。

だが、犬《いぬ》にほえられたり、ものに影《かげ》がうつったりして、たちまち正体《しょうたい》をあらわすという。

土《つち》ぐも

平《へい》安《あん》時《じ》代《だい》のこと。源《みなもとの》頼《より》光《みつ》という武《ぶ》将《しょう》は，夜《よ》ごとに恐《おそ》ろしい妖《よう》怪《かい》に，おそわれたという。その妖《よう》怪《かい》どもをあやつっていたのは，ふしぎな魔《ま》力《りょく》をもつ土《つち》ぐもだったのである。

＊小女郎《こじょろう》ぐも

その昔《むかし》，菊池家《きくちけ》に家《いえ》をほろぼされた若《わか》な姫《ひめ》は，なんとかしてかたきをうとうとした。そこへあらわれたのが，ふしぎなくも。若《わか》な姫《ひめ》にすっかり同情《どうじょう》して女《おんな》の姿《すがた》に化《ば》け，菊池家《きくちけ》の人《ひと》びとをおそったという。

くもの魔力《まりょく》

昔《むかし》から、朝《あさ》にあらわれるくもはよいしるし、夜《よる》のくもは悪《わる》いことがある知《し》らせという迷信《めいしん》があった。また、人《ひと》をのろい殺《ころ》す方《ほう》法《ほう》として、毒《どく》ぐもを使《つか》うという魔術《まじゅつ》もあった。それに、あやしげにくりだすくもの糸《いと》を見《み》て、昔《むかし》の人《ひと》たちはすっかりくもの魔力《まりょく》を信《しん》じてしまったのだろう。

なかでも、土《つち》の穴《あな》に巣《す》をつくる土《つち》ぐもなどは、《五化《ば》け七化《ば》け》といって、どのような妖怪《ようかい》にでも化《ば》けることができる超能力《ちょうのうりょく》をもっていると考《かんが》えられていた。

源頼光《みなもとのよりみつ》の館《やかた》にあらわれた土《つち》ぐもは、なんと四十四種類《しゅるい》もの妖怪《ようかい》を一本一本の糸《いと》であやつって、頼光《よりみつ》をせめたてたという。

また、くもは人間《にんげん》の魂《たましい》をたべて魔力《まりょく》をつけるともいわれ、恐《おそ》ろしい女郎《じょろう》ぐもなどはそのよい例《れい》だろう。

昆虫《こんちゅう》の妖怪《ようかい》

＊かみきり

江戸時代《えどじだい》のこと。髪《かみ》を長《なが》くした若《わか》い娘《むすめ》たちは、つかまえようのない妖怪《ようかい》・かみきりをひどく恐《おそ》れていた。

お玉《たま》さんという娘《むすめ》は、ある夜《よ》ひとりで便所《べんじょ》へ行《い》くと、くらやみの中《なか》にギラギラ赤《あか》く光《ひか》るものをみた。大《おお》きさ五〇センチほどのぶきみなものが、天井《てんじょう》にはりついているのだ。はっとして逃《に》げようとしたとたん、お玉《たま》さんは、キャッと悲鳴《ひめい》をあげた。

「バサッ！バサッ！」と頭《あたま》の髪《かみ》の毛《け》を切《き》られたのだ。ひっしになって手《て》ではらいのけたが、さっぱり手《て》ごたえがない。

それもそのはずで、妖怪《ようかい》・かみきりは、人間《にんげん》には姿《すがた》が見《み》えても、空中《くうちゅう》に姿《すがた》がうつっているようなもので、まったくとらえようがないのだ。そして、お玉《たま》さんは頭《あたま》の毛《け》を切《き》られてまる坊主《ぼうず》にされてしまったという。

＊あみきり

昔《むかし》は，いたずらがすきな妖怪《ようかい》・あみきりがいた。夏《なつ》のカよけに使《つか》うかやの麻糸《あさいと》のにおいが好《す》きで，真《ま》夜《よ》中《なか》になるとかやをズタズタに切ってしまった。人《にん》間《げん》の寝《ね》いきをうかがうのがたくみなので，人間《にんげん》がおきているときは，絶対《ぜったい》に姿《すがた》をあらわさない。

昔《むかし》の女《おんな》の人《ひと》たちは、あまりに貧《まず》しくなると自分《じぶん》の髪《かみ》の毛《け》を切って、かつらを作《つく》る商人《しょうにん》に売《う》ったというが妖怪《ようかい》・かみきりはそのうらみ？

＊つつが虫《むし》

つつが虫《むし》は，毒気《どくけ》をはいて人間《にんげん》の血《ち》をすう妖怪《ようかい》と考《かんが》えられていた。血《ち》を吸《す》われた傷口《きずぐち》が，どろどろにくさり，ひどく高《たか》い熱《ねつ》がでると全身《ぜんしん》がいたみだして狂《くる》い死《じ》にしてしまうのだ。しかし，これはつつが虫《むし》がもっている伝染病《でんせんびょう》リケッチア菌《きん》が原因《げんいん》だと，いまの医学《いがく》ではわかっている。

いるが、他人《たにん》に売《う》りわたされた、髪《かみ》の毛《け》のうらみがこの妖怪《ようかい》になったという。

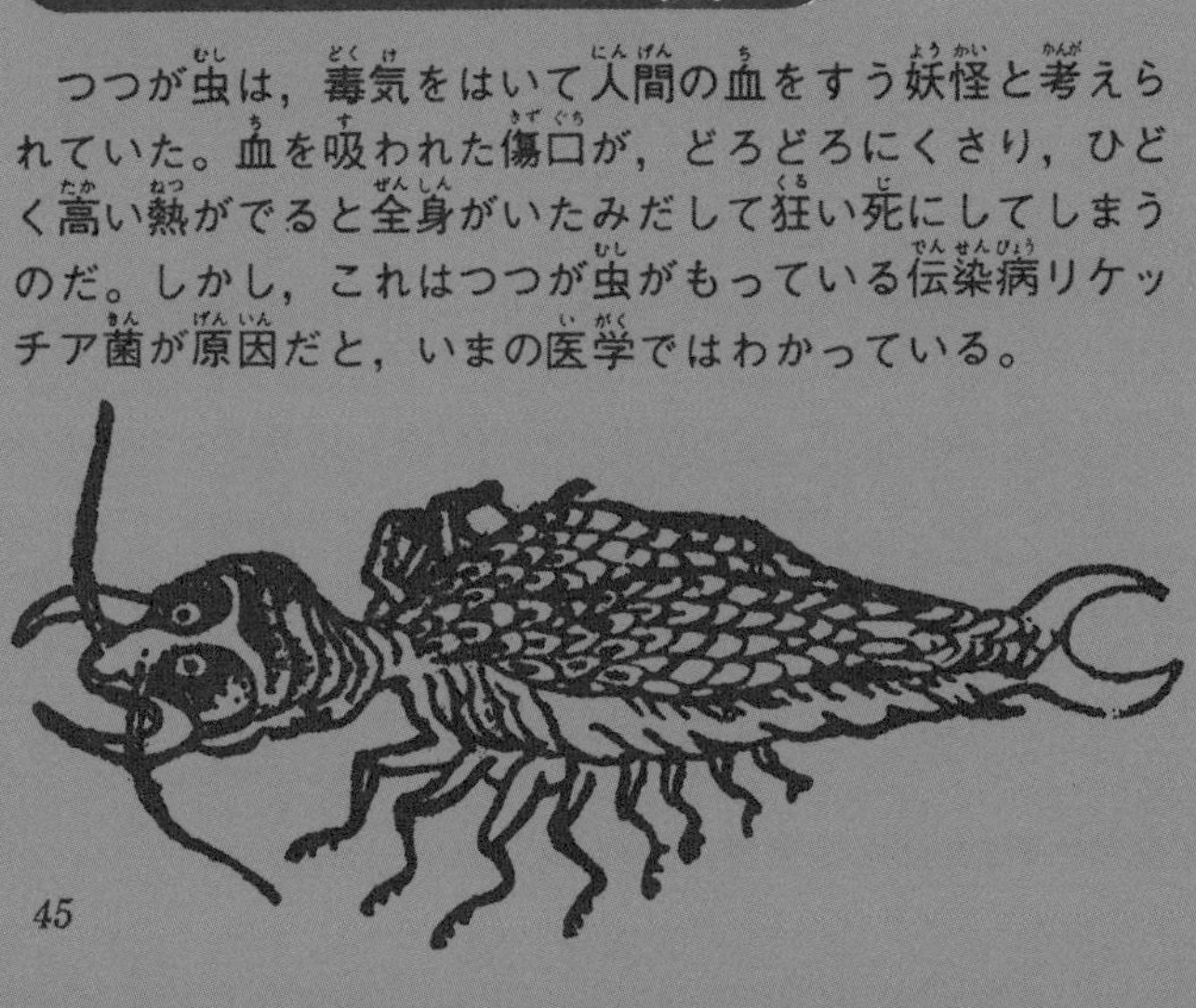

火《ひ》吹《ふ》き鳥《どり》

一八一六年のこと。肥前《ひぜん》（長崎県《ながさきけん》）の国《くに》に、ふしぎな鳥《とり》があらわれた。

その日《ひ》の夜《よる》おそく、まっくらな空《そら》がとつぜん夕《ゆう》やけのようにそまったので人々《ひとびと》が、おどろいて外《そと》へ出《で》てみると、大《おお》きさが数《すう》十メートルものまっ赤《か》な鳥《とり》が飛《と》んでくるではないか。

そして、怪鳥《かいちょう》は口《くち》からものすごい火《ひ》をはき、あっというまに家《いえ》をやき森《もり》をやいて飛《と》び去《さ》ったという。

ISHI

青《あお》さぎの火《ひ》

　青《あお》さぎという鳥《とり》は、神《かみ》の使《つか》いの鳥《とり》として、たいへんめずらしいと信《しん》じられていた時代《じだい》があった。

　ところが、よくに目《め》がくらんだ人《ひと》が、この青《あお》さぎのひなをとって
「この鳥《とり》をかうと、よいことがまいこんでくる」

と売《う》ってあるいたのだ。

　それから、まもなく、夜《よる》になると青《あお》い光《ひかり》をはなちながら飛《と》んでくる鳥《とり》があらわれた。青《あお》さぎの親《おや》どりだ。ひなをかっている家《いえ》にやってくると、パッとものすごい光《ひかり》をはなち、その家《いえ》の人《ひと》はたちまちめくらになってしまったという。

＊いつまで

　うえ死《じ》にをしたまま、ほうっておかれた死《し》体《たい》があると、どこからともなく、そのにおい

＊化《ば》けひなどり

　昔《むかし》のお坊《ぼう》さんは、肉《にく》をたべてはいけないという、きびしいおきてがあった。しかし、あ

ような姿《すがた》で、死体《したい》をがつがつとくいちぎった。

そして、うえ死《じ》にをした人《ひと》の家族《かぞく》のところへ飛《と》んで行《い》くと、

「いつまで、死人《しにん》をほうっておくのだ!」

と人間《にんげん》の声《こえ》でしゃべるのだ。しかし、あわてて家族《かぞく》の人《ひと》が死体《したい》をさがしても、死体《したい》はなく、いつまでもこの怪鳥《かいちょう》にたたられるという。

といったら、思《おも》いだすだけで、よだれがでてくる。そこで、お坊《ぼう》さんは、村《むら》の家《いえ》にしのびこんでは、にわとりのひなをぬすんでたべた。

そして、村《むら》の人《ひと》びとに、「生《い》きものを殺《ころ》してはならぬぞ」といってあるいた。しかし、この悪行《あくぎょう》におこったひなどりの魂《たましい》が、とうとうお坊《ぼう》さんにのりうつったという。

竜《りゅう》

▼竜《りゅう》は，神《かみ》があやつる動物《どうぶつ》ともいわれているが昔《むかし》の古《ふる》い本《ほん》には，仙人《せんにん》が竜《りゅう》にのって空《そら》を飛《と》んでいるようすが，えがかれているものもある。

竜《りゅう》の超《ちょう》能《のう》力《りょく》

竜《りゅう》は、千年《せんねん》以上《いじょう》も昔《むかし》からあらわれたふしぎな妖獣《ようじゅう》で、中国《ちゅうごく》からやってきたともいわれている。昔《むかし》の人《ひと》たちは、竜《りゅう》があまりにもいろいろな魔力《まりょく》を使《つか》うので、恐《おそ》ろしい妖獣《ようじゅう》

②安珍《あんちん》を追《お》う清姫《きよひめ》は，うらみの火《ひ》をはく。

①清姫《きよひめ》と安珍《あんちん》

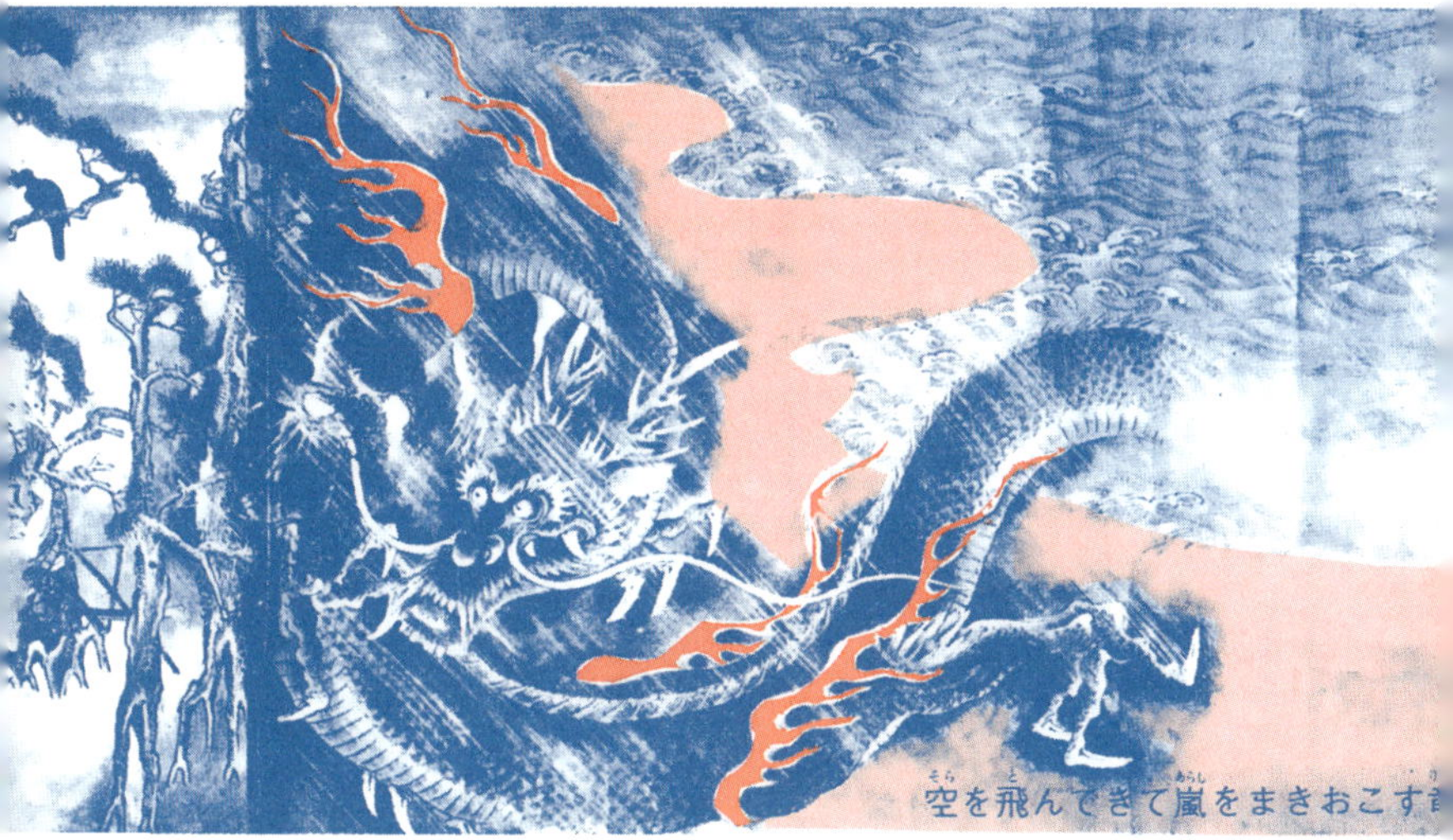

空《そら》を飛《と》んできて嵐《あらし》をまきおこす竜《りゅう》

いう。

竜《りゅう》は、まず雷《かみなり》をおこし、風《かぜ》や嵐《あらし》をまきおこし、雨《あめ》をふらせ太陽《たいよう》をくもらせたりすることができた。そして、この世《よ》のどんな動《どう》物《ぶつ》や人間《にんげん》にも自由《じゆう》に姿《すがた》を変《か》えることができ空中《くうちゅう》にパッと消《き》えたり、あらわれたりする魔力《まりょく》をもっていた。

また、竜《りゅう》が天《てん》にのぼるときは、自分《じぶん》の息《いき》をはいて雲《くも》をつくり、その雲《くも》にのって空《そら》へのぼった。空《そら》を飛《と》んでもジェット機のように速《はや》く、おまけにどんな武器《ぶき》で切《き》りつけても、けっして死《し》ぬことはない。妖獣《ようじゅう》のなかでも、まさにNo.1《ナンバーワン》の超能力者《ちょうのうりょくしゃ》だ。

この竜《りゅう》は、大蛇《だいじゃ》が強《つよ》い魔力《まりょく》をつけて変身《へんしん》したものという説《せつ》もあるが、下《した》の絵《え》の清姫《きよひめ》の場合《ばあい》は、人間《にんげん》がヘビになり竜《りゅう》に変身《へんしん》したのではなく、はじめから竜《りゅう》が清姫《きよひめ》に姿《すがた》を変《か》えていたとも考《かんが》えられるのだ。

④そして竜《りゅう》になった。
(101ページ参考)

③清姫《きよひめ》の上半身《じょうはんしん》がヘビに

野《の》ぶすま

木《き》から木《き》へ、谷《たに》から谷《たに》へとコウモリのように羽《はね》をひろげて飛《と》ぶ。

しかし、コウモリとちがって全《ぜん》身《しん》に毛《け》がはえ、つばさにも肉《にく》がついている。足《あし》は四本《ほん》、どれもみじかくて、するどいツメをもっている。ふつうは森《もり》の中《なか》にいて、木《き》の実《み》などをたべておとなしいが、人《ひと》がやってくると、ものすごい早《はや》さで飛《と》んでくる。森《もり》の中《なか》のナワバリをあらされたくないのだ。目《め》に見《み》えぬほどの早《はや》さで、急《きゅう》せんかいし顔《かお》といわず手足《てあし》といわず、ツメでえぐるのだ。また、火《ひ》にもへいきなので、たいじするのはむりだ。

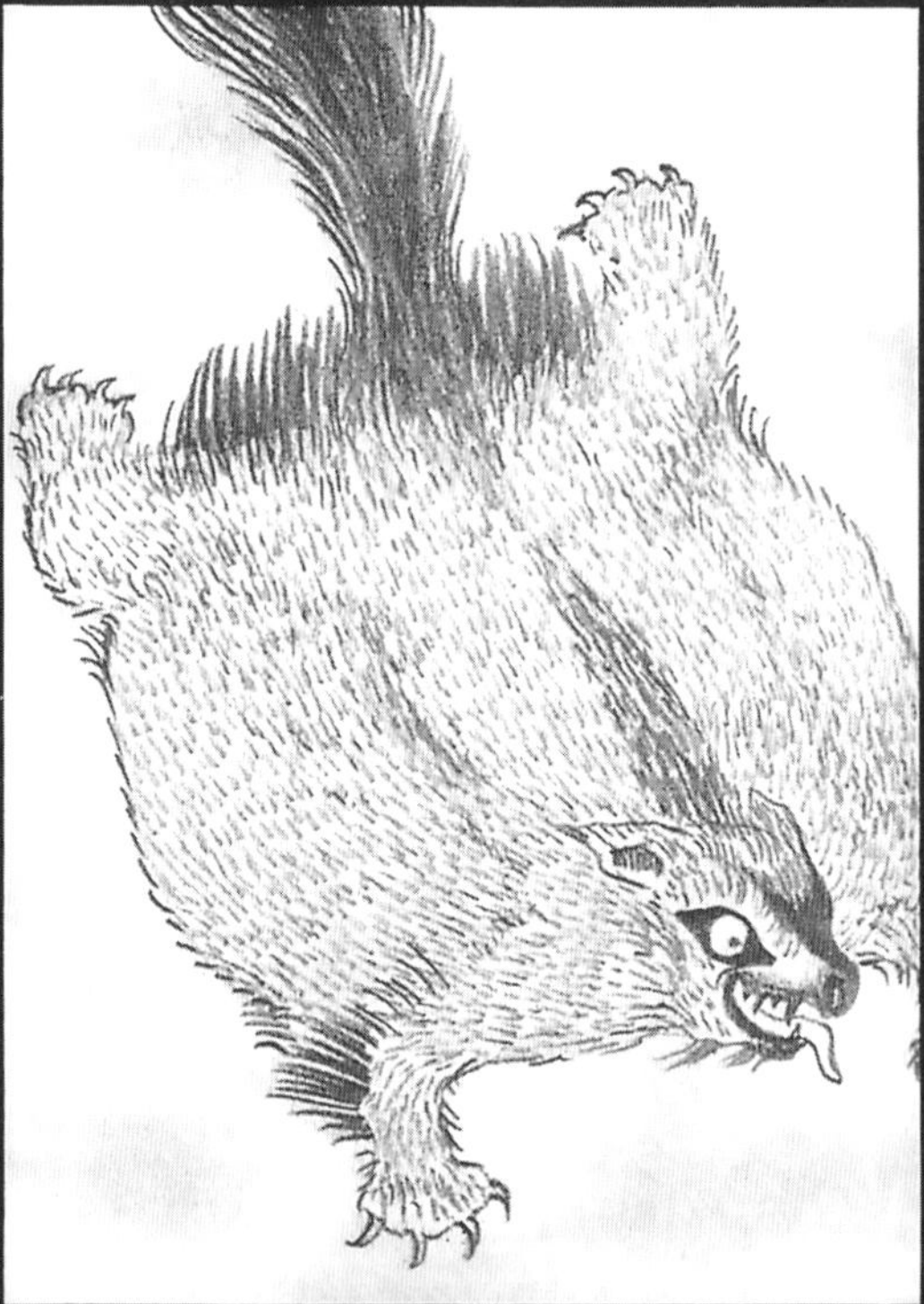

＊らいごう

らいごうは、〈鉄鼠《てっそ》〉とも書《か》くが、鉄《てつ》よりもするどく固《かた》い歯《は》をもったねずみのボスだ。

＊化《ば》けガマ

青《あお》いコケがはえて岩《いわ》のようにずんぐりした大《おお》ガマ。そんな年《とし》とったガマは、恐《おそ》ろしい魔《ま》

くるという魔術《まじゅつ》を使《つか》うのだ。

その昔《むかし》、比叡山《ひえいざん》と三井寺《みいでら》のお坊《ぼう》さんどうしが戦《たたか》ったことがあったが、三井寺《みいでら》の頼豪阿闍《らいごうあじゃ》梨《り》という坊《ぼう》さんは、このネズミの大《おお》ボスにたのんで、自分《ぶん》から、らいごうに変身《へんしん》し、八万《まん》四千《せん》びきのねずみをひきつれて比叡山《ひえいざん》をおそったという話《はなし》がある。

いうが、この大《おお》ガマは反対《はんたい》に口《くち》からすうっと煙《けむり》のようなものをはいて、ヘビをのみこみ、腹《はら》の中《なか》でヘビをとかしてしまう。まるで硫酸《りゅうさん》のような毒《どく》けむりを口《くち》からはくのだ。

ときには、人間《にんげん》に化《ば》けて女《おんな》の人《ひと》になり、男《おとこ》の人《ひと》をゆうわくして、だんだん病気《びょうき》を重《おも》くしてゆくという。化《ば》けガマにとりつかれたら、骨《ほね》と皮《かわ》ばかりになって死《し》ぬしかない。

ひひ

山奥《やまおく》に住《す》んでいる妖獣《ようじゅう》ひひは、大《おお》きさ五メートル。ものすごい怪力《かいりき》で、いのししやくまを一げきのもとにたおし、それをバリバリッとひきさいて、骨《ほね》ごとむしゃむしゃっとくった。

もちろん、人間《にんげん》もおそってくい殺《ころ》したがとくに好《この》んだのが若《わか》い娘《むすめ》。里《さと》の村《むら》にあらわれて、娘《むすめ》をいけにえにささげないと大《おお》あばれした。そこで、岩見重太郎《いわみじゅうたろう》という剣豪《けんごう》が若《わか》い娘《むすめ》の着物《きもの》をきて、ひひに近《ちか》づき、ただひとつの弱点《じゃくてん》であるひひのみけんに切《き》りつけて、やっとたいじしたという。

*手《て》おい蛇《へび》

「ヘビは、恐《おそ》ろしくしゅうねんぶかいやつだ。けっして半殺《はんごろ》しにしたまま、逃《に》がしたりするな。かならず、復《ふく》しゅうにくるからな

*牛《うし》巻《まき》

牛巻《うしまき》は、長《なが》さ十五メートルもある大蛇《だいじゃ》で、牛《うし》や馬《うま》に巻《ま》きついて、沼《ぬま》の中《なか》へひきずりこんだ。牛《うし》が水《みず》でおぼれ死《し》ぬと、口《くち》から

ところが江戸《えど》時代《じだい》のこと。伝二《でんぞう》という人《ひと》は、そんなことがあるものかと、ヘビを見《み》つけては半殺《はんごろ》しにしてあざ笑《わら》った。それから四年《ねん》、伝二《でんぞう》は山奥《やまおく》の村《むら》から江戸《えど》の町《まち》に住《す》んだが、手《て》おい蛇《へび》は江戸《えど》まで追《お》ってきたのだ。

傷《きず》つけられたヘビが全部《ぜんぶ》で二十五ひき。ヘビは伝二《でんぞう》の全身《ぜんしん》にくらいつき、目玉《めだま》をえぐって頭《あたま》の中《なか》までもぐりこんだという。

こんがりと焼《や》けると、大《おお》きな口《くち》をひらいてパクリとのみこんだ。いまの愛知県名古屋市《あいちけんなごやし》ふきんの沼《ぬま》にすんでいたと伝《つた》えられている。

風《ふう》狸《り》

この動物《どうぶつ》妖怪《ようかい》は、風《かぜ》の狸《たぬき》と書《か》いて風狸《ふうり》とよむ。文字《もじ》どおり、風《かぜ》のように空中《くうちゅう》を飛《と》んできては、一つ目大入道《めおおにゅうどう》になったり、黒坊主《くろぼうず》になったりして、人間《にんげん》をおどろかす。

ただし、この風狸《ふうり》の姿《すがた》は空気《くうき》のように透明《とうめい》で人間《にんげん》には見《み》えない。とつぜん山《やま》の向《む》こうに、雲《くも》をつくような大男《おおおとこ》があらわれたかと思《おも》うと風《かぜ》のように空中《くうちゅう》からすうっと消《き》えてしまうからだ。しかし、ある人《ひと》が夜中《よなか》に三つ目《め》の大入道《おおにゅうどう》と出《で》あいびっくりしてタイマツをつきつけると、たぬきににたものが、空《くう》中《ちゅう》を矢《や》のように飛《と》んだという。

＊野《の》鉄《てっ》砲《ぽう》

犬《いぬ》とたぬきのあいの子のような姿《すがた》をしたマミという動物《どうぶつ》がいる。穴《あな》ぐまの一種《しゅ》だ。

この野《の》鉄砲《てっぽう》は、そのマミが年《とし》をとったもの

＊雷《らい》獣《じゅう》

雷獣《らいじゅう》は、ものすごい雷光《らいこう》をひらめかす雷《かみなり》さまの子分《こぶん》なのだろうか。昔《むかし》の人《ひと》たちは、雷《かみなり》の落《お》ちたあとなどに、動物《どうぶつ》の毛《け》がちらばってい

森《もり》の奥《おく》や山《やま》の谷間《たにま》にすんでいて、人間《にんげん》がとおると、口《くち》から小《ちい》さなコウモリのようなものを吹《ふ》きだすのだ。すると、急《きゅう》に目《め》が見《み》えなくなり、足《あし》がしびれて動《うご》けなくなる。そのすきに野鉄砲《のてっぽう》は、食物《たべもの》をかすめとるという。

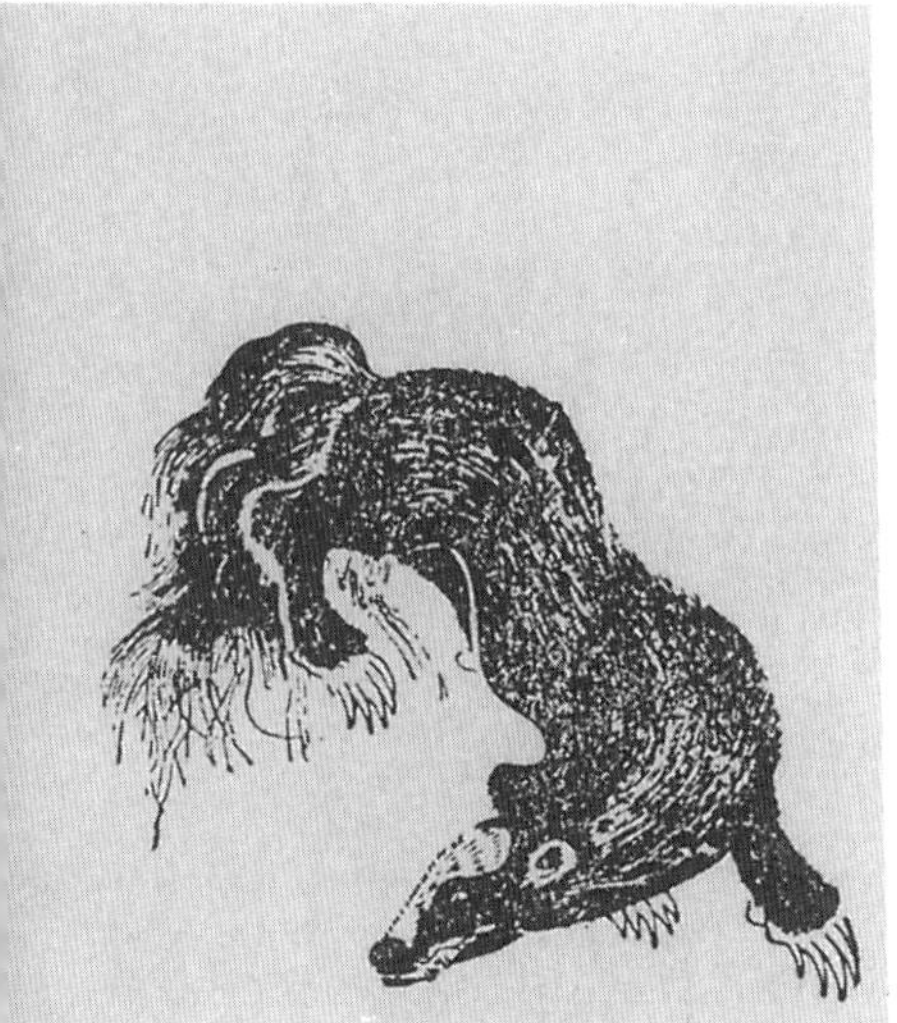

黒《くろ》い雨雲《あまぐも》が、にわかに空《そら》にたれこめると、きっと雷獣《らいじゅう》が目《め》にもとまらぬ早《はや》さで空《そら》にかけあがり、ピカピカ・ドーンと雷《かみなり》といっしょに落《お》ちてくる。そして、また雷獣《らいじゅう》は雲《くも》につつまれて空《そら》へのぼるのだという。

ところが、最近《さいきん》のこと。雷獣《らいじゅう》とそっくりな動物《どうぶつ》が日本《にほん》アルプスの山中《さんちゅう》で発見《はっけん》され、それがどうして雷《かみなり》さまの子分《こぶん》といわれたのか、多《おお》くの学者《がくしゃ》もただ首《くび》をかしげているばかりだ。

わいら

ライオンとクマのようなからだ、手足《てあし》にワシのような鋭《するど》いつめをもっている。また、二つの羽《はね》もあるので、いったい鳥《とり》なのか猛獣《もうじゅう》なのか見《み》わけのつかない妖怪《ようかい》だ。ふつうは、山《やま》の奥《おく》の岩《いわ》のあなの中《なか》に巣《す》をかまえて、鳥《とり》やけものなどをたべているが、はらがへると人間《にんげん》をおそって骨《ほね》までたべつくしてしまう。

牛《うし》鬼《おに》

牛鬼《うしおに》は，島根県《しまねけん》の温泉津地方《おんせんつちほう》によくあらわれ，牛《うし》のようなツノをもった海《うみ》の妖怪《ようかい》だ。昼《ひる》は海《うみ》の底《そこ》にねむっているが，夜《よる》になると漁船《ぎょせん》をみつけ，どこまでも追《お》いかけてくる。漁師《りょうし》がとった魚《さかな》をみんなたべ，それでもたりないときは上陸《じょうりく》して人家《じんか》をおそう。ただし，お守《まも》りをかざすと逃《に》げて行《い》く。

＊かわうそ

カワウソは、川《かわ》の中《なか》にすんでいる四つ足《あし》の動物《どうぶつ》だ。水《みず》をおよぐのがはやく、水中《すいちゅう》でツバメ返《がえ》しのように身《み》をひるがえす。

＊むじな

むじなは、老人《ろうじん》に化《ば》けるのがとくいで、家《いえ》の中《なか》にはいると、どっかりあぐらをかき、いろりにかけてあるナベのものをたべてしまう。

人間をおそったりはしない。ただ、川岸をとおる人《ひと》をびっくりさせたり、足《あし》をひっぱっていたずらをするくらいのものだ。

ときには男《おとこ》の姿《すがた》に化《ば》けたりするが、魔力《まりょく》がたりないので、やぼったいかっこうだ。それで女《おんな》の子《こ》に話《はな》しかけても、たちまち正体《しょうたい》がばれてしまうということだ。

だし、正体《しょうたい》をみやぶられてしまうことが多い。

この、のんびり屋《や》の妖怪《ようかい》・むじなは、じつは、たぬきとまったく同《おな》じ動物《どうぶつ》で、明治時代《めいじじだい》には裁判《さいばん》が行《おこ》なわれたことがある。まぬけなたぬきのことを、むじなというのだそうだ。

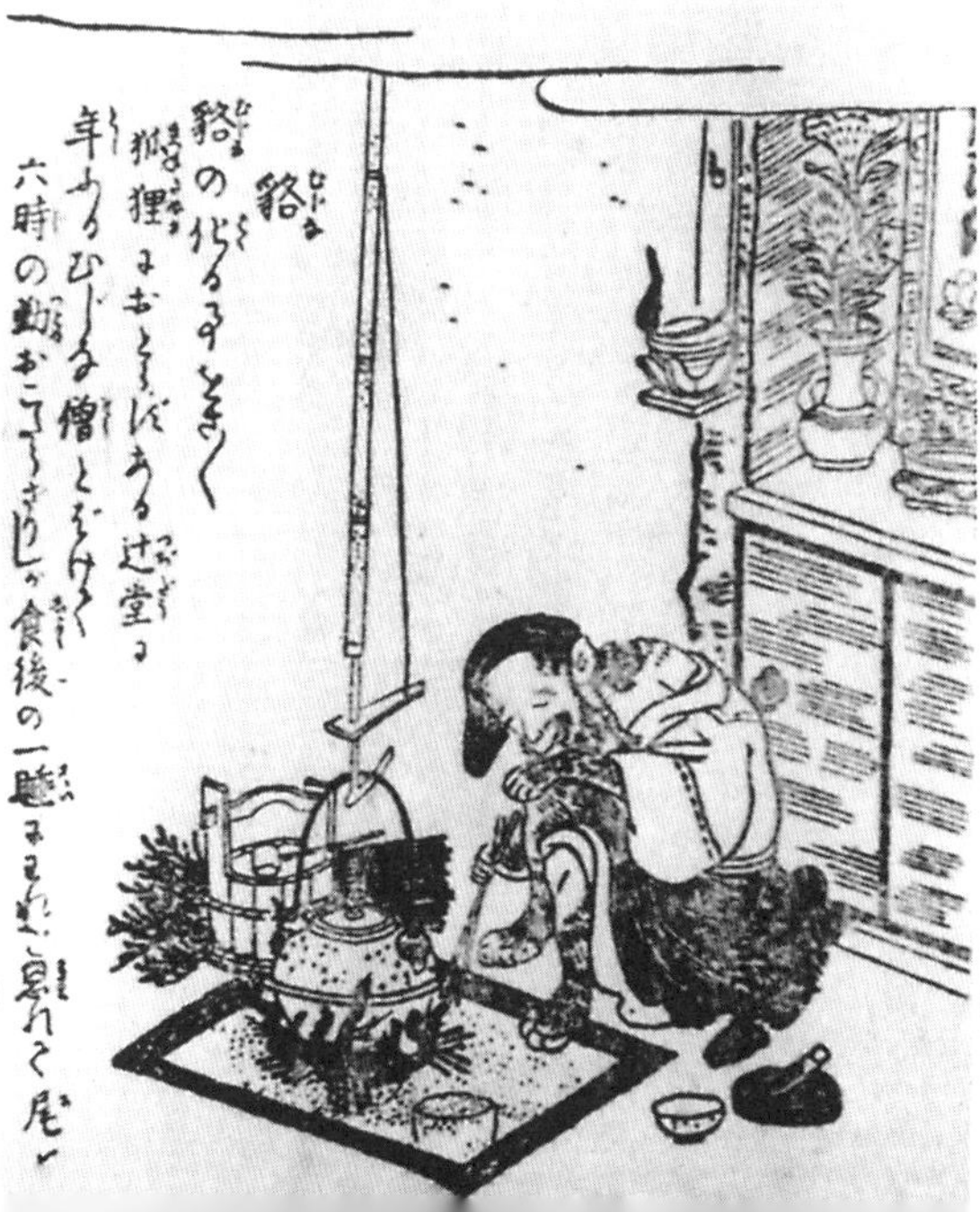

たぬき

▼ものすごい巨人《きょじん》に化《ば》けて人間《にんげん》をおどろかし，とくいになっているたぬき。

たぬきの化《ば》けかた

たぬきは、たいへん悪《あく》どいきつねにくらべて、おっちょこちょいで人間《にんげん》をおどろかしては、よろこんでいる。

一つ目《め》小僧《こぞう》や二つ目《め》大入道《おおにゅうどう》、のっぺらぼう、大男《おおおとこ》などに化《ば》けるが、人間《にんげん》をくい殺《ころ》したりすることはまずない。ただし、カチカチ山《やま》のたぬきと黒坊主《くろぼうず》に化《ば》けることができる古《ふる》だぬきだけは、人間《にんげん》を殺《ころ》すことがある。

しかし、たぬきはあわて者《もの》なので、茶《ちゃ》がまに化《ば》けておしりに火《ひ》がついたり、美《うつく》しい女《おんな》の人《ひと》に化《ば》けて急《きゅう》におならをプーッとしてしまい、とたんにしっぽをだしたりする。

また、おいしいものがあると、あわてて手《て》をだしたのはよいが、まず人間《にんげん》に化《ば》けることをわすれてしまったりするのだ。

ところが、そんなたぬきも猟師《りょうし》に追《お》われたときだけは、奥《おく》の手《て》をつかう。

◀ぶんぶく茶《ちゃ》がまに化《ば》けたという群馬県《ぐんまけん》の茂林寺《もりんじ》のたぬき

▼月夜《つきよ》の光《ひかり》を利用《りよう》して、影絵《かげえ》人間《にんげん》をびっくりさせるたぬき

とたおれて死《し》んだふりをするのだ。その演《えん》技力《ぎりょく》は超一流《ちょういちりゅう》で、猟師《りょうし》もすっかりだまされる。猟師《りょうし》が肩《かた》にかついだたぬきを地面《じめん》におろし、昼《ひる》めしのにぎりめしをと思《おも》って腰《こし》の袋《ふくろ》に手《て》をやると、にぎりめしがない。

そのわずかなスキをねらっていたたぬきは、むくりと起《お》きあがってドロン。もちろん、にぎりめしは死《し》んだふりをしたたぬきが猟師《りょうし》の背中《せなか》にぶらさがりながらたべてしまったのだ。

また、たぬきの大《おお》ものになると、きつねとの化《ば》かしあいでも負《ま》けてはいない。きつねが、おれは七変化《へんげ》ができるぞといえば、たぬきは一度《ど》に大名行列《だいみょうぎょうれつ》をだしてみせるという。やがて大名行列《だいみょうぎょうれつ》があらわれた。

きつねが、「これはまいったよ」というと、大名行列《だいみょうぎょうれつ》はほんもので、たぬきが前《まえ》もってしらべておいたものだったという。

妖怪学②

＊つくられた妖怪《ようかい》たち

▶鳳凰《ほうおう》という鳥《とり》は、神《かみ》の使者《ししゃ》として考《かんが》えられた不死鳥《ふしちょう》だった。

妖《よう》怪《かい》のなかには、はじめから人《にん》間《げん》の空想《くうそう》でつくりあげられたものがある。たとえば、人間《にんげん》に恐《おそ》ろしい夢《ゆめ》を見《み》させる妖怪《ようかい》のばく、古《ふる》いぞうきんをたいせつにしないと化《ば》けて出《で》るという白《しろ》うねりなどである。

また、むかしの人《ひと》たちの宗教《しゅうきょう》とむすびついて考《かんが》えられた鳳凰《ほうおう》や空《そら》を飛《と》んでくるという天馬《てんま》、雷《かみなり》や風《かぜ》をまきおこすと考《かんが》えられた雷神《らいじん》・風神《ふうじん》などは、妖怪《ようかい》というよりも神《かみ》さまとしてあつかわれている。

さらに、からだはシカで尾《お》は牛《うし》、足《あし》は馬《うま》の姿《すがた》をしているというきりんやひひとヘビとトラの姿《すがた》をしたぬえなどは、恐《おそ》ろしい姿《すがた》を強《つよ》くあらわすために、そのような姿《すがた》にされてしまったのではないだろうか。

じっさい、ぬえなどは昔《むかし》の記録《きろく》にも奇怪《きかい》な鳥《とり》であると書《か》かれているので、どうも怪獣《かいじゅう》ではなかったと考《かんが》えられる。

また、目《め》が一つしかなかったり、手足《てあし》がそろっていなかったりして生《う》まれた赤《あか》んぼうや、象皮病《ぞうひびょう》というみにくいひふ病《びょう》にかかった人間《にんげん》をみて、これは妖怪《ようかい》のしわざにちがいないと思《おも》われたものもあったにちがいない。

しかし、多《おお》くの妖怪《ようかい》はどのようにして生《う》まれたのか、科学的《かがくてき》にとけないナゾやふしぎな現象《げんしょう》もあるので、これからの研究《けんきゅう》が待《ま》たれる。

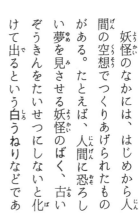

2 人間の妖怪＊

人間《にんげん》の姿《すがた》をした妖怪《ようかい》には、人間《にんげん》から変《へん》化《か》したものと、魔力《まりょく》をもつほかの妖怪《ようかい》が人間《にんげん》に姿《すがた》をかえているものとがある。

さらに、山《やま》の奥《おく》に住《す》むという妖精《ようせい》やヘビのたたりなどと人間《にんげん》がむすびついて生《う》まれた妖怪《ようかい》もある。それぞれ、どんな魔《ま》力《りょく》をもっているかを見《み》てみよう。

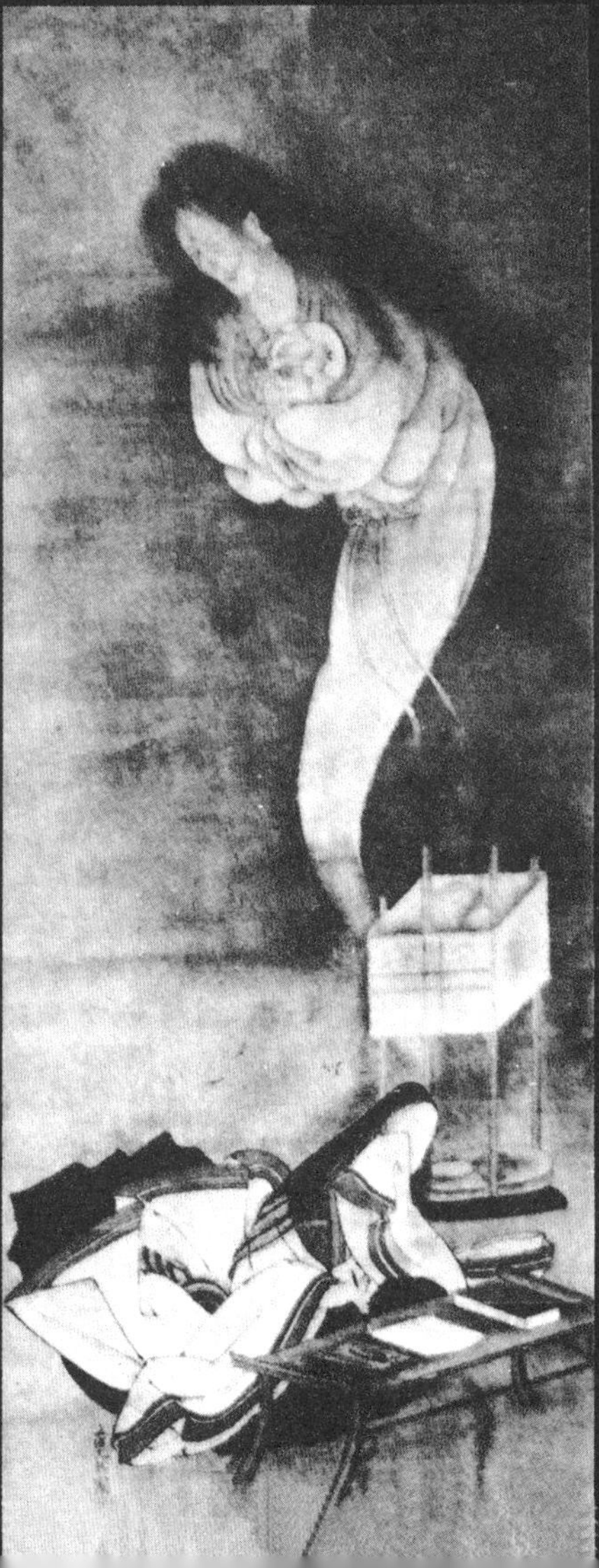

▶この世《よ》にうらみを残《のこ》して死《し》んだ人間《にんげん》は、だれでも幽霊《ゆうれい》になるというが……。

山《やま》精《せい》

山《やま》の奥《おく》にいる妖怪《ようかい》で，鬼《おに》のような姿《すがた》をしているが角《つの》はない。一つ目《め》のものや一本《ぽん》足《あし》の山精《やませい》もいる。川《かわ》のカニをとってたべ，ときどき山小屋《やまごや》にやってきては塩《しお》をぬすんで行《い》く。よほどのことがないかぎり人間《にんげん》をおそったり殺《ころ》したりはしない。山《やま》の動物《どうぶつ》たちを支配《しはい》しているという。

おしろい婆《ばあ》さん

おしろい婆《ばあ》さんは，12月になって月《つき》がきれいに出《で》る夜《よる》，やぶれがさをかぶり，つえをつきながらあらわれる。女《おんな》の人《ひと》が，お化粧《けしょう》するときにつけるおしろいの神《かみ》さまの使《つか》いなので，においがぷんぷんして，すぐにわかる。男《おとこ》の子《こ》が，この妖怪《ようかい》にあうと，あっというまに女《おんな》の子《こ》のように顔《かお》におしろいをつけられてしまうという。

＊山《やま》姥《うば》

＊燈《とう》台《だい》鬼《き》

どき人里《ひとざと》におりてくるという。白髪《はくばつ》でするどい目《め》つきをしているが、ほんとうは心《こころ》のやさしい妖怪《ようかい》で、とくに子供《こども》が好《す》きだ。有名《ゆうめい》な足柄山《あしがらやま》の金太郎《きんたろう》は、この山姥《やまうば》にきびしくやさしく育《そだ》てられて、とても強《つよ》いごうけつになった。

きた中国《ちゅうごく》の役人《やくにん》が、はら黒《ぐろ》い人《ひと》にオシになる毒薬《どくやく》をのませられてしまった。

「はるか海《うみ》をこえてやってきたのに、なんというひどいことをする人《ひと》だ！」

と中国《ちゅうごく》の役人《やくにん》は怒《おこ》って、はっしと相手《あいて》をにらみつけたまま、その場《ば》から、一歩《ぽ》も動《うご》かなかったという。ところが、それをおもしろがって全身《ぜんしん》に色《いろ》をべたべたぬり頭《あたま》の上《うえ》に一本《ぽん》のろうそくをおいたので、その中国人《ちゅうごくじん》はついに復《ふく》しゅうのために燈台鬼《とうだいき》となり、近《ちか》よる人《ひと》をたちまちにしてオシにしたという。

鬼《おに》ばばあ

「うひっひひ……おいしそうな娘《むすめ》じゃ」

若《わか》い娘《むすめ》をさかさづりにした鬼《おに》ばばあは、舌《した》なめずりをしながら、ゴシゴシと包丁《ほうちょう》をといだ。娘《むすめ》を切《き》りきざんで、その肉《にく》をナベでにて、たべようというのだ。

この恐《おそ》ろしい鬼《おに》ばばあは、いまから千年《ねん》ほどまえ、奥州《おうしゅう》(福島県《ふくしまけん》)の安達《あだち》が原《はら》に住《す》んでいて、夜中《よなか》に、道《みち》にまよった旅人《たびびと》や娘《むすめ》を殺《ころ》してたべ、とくに赤《あか》んぼうの生《い》きぎもを好《この》んでたべたという。この生《い》きぎもや人間《にんげん》の肉《にく》をたべたため、鬼《おに》ばばあは数《すう》百年間《ねんかん》も長生《ながい》きしていたが、お坊《ぼう》さんにお経《きょう》の呪文《じゅもん》をとなえられて姿《すがた》を消《け》したという。

火《ひ》ふき婆《ばあ》さん

火《ひ》ふき婆《ばあ》さんの姿《すがた》を見《み》た人《ひと》は、その夜《よる》はねむらないで火《ひ》もとに注意《ちゅうい》しなければならない。この妖怪《ようかい》は、口《くち》から火《ひ》を吹《ふ》いて火事《かじ》をだしては、よろこんでいるからだ。ちょっと見《み》ると白髪《はくはつ》の老婆《ろうば》に見《み》えるが、そのくちびるがまっ赤《か》なので、すぐわかる。

＊吹《ふ》っ消《け》し婆《ばばあ》

風《かぜ》もないのに、たまたま火《ひ》が消《き》えることがある。この妖怪《ようかい》は、ちょうちんの火《ひ》があかぁ

＊油《あぶら》赤《あか》子《ご》

江戸時代《えどじだい》のこと。大津地方《おおつちほう》（滋賀県大津《しがけんおおつ》市《し》）によくあらわれた妖怪《ようかい》。〈油《あぶら》なめ〉とも

す近く…もおれたない

ふっと、音《おと》もなくキリのような風《かぜ》をおくって、どんな火《ひ》でも消《け》してしまうのだ。そしてあたりがまっくらになると、はじめて老婆《ろうば》の姿《すがた》を見《み》せてこういうのだ。

「あたしゃ、光《ひかり》がきらいな吹《ふ》っ消《け》し婆《ばばあ》だよ」

の油に…まえに…油…にしまってお

くようにといわれた。

油赤子《あぶらあかご》は、夜《よる》おそく、どこからか小《ちい》さな火《ひ》の玉《たま》となって飛《と》んでくるが、あんどんの油《あぶら》をなめると赤《あか》んぼうの姿《すがた》になり、油《あぶら》をなめてしまうと火《ひ》の玉《たま》になって飛《と》んで行《い》く。

座《ざ》敷《しき》わらし

座敷《ざしき》わらしは、東北地方《とうほくちほう》にいる妖怪《ようかい》で旧家《きゅうか》の天井裏《てんじょううら》や古《ふる》い土蔵《どぞう》の中《なか》にひっそりと住《す》んでいる。五〜六歳《さい》の子供《こども》の姿《すがた》をしていて、小《ちい》さな子供《こども》たちと外《そと》であそんでいることがある。子供《こども》には姿《すがた》が見《み》えても大人《おとな》には姿《すがた》の見《み》えないふしぎな妖怪《ようかい》だ。

そして、この妖怪《ようかい》は家《いえ》の運命《うんめい》と関係《かんけい》があって、住《す》みついている間《あいだ》は家《いえ》の商売《しょうばい》もさかえ、火事《かじ》があればいつのまにか座敷《ざしき》わらしが荷物《にもつ》を運《はこ》んでくれるが、姿《すがた》を消《け》すとその家《いえ》に不幸《ふこう》がおこるという。

ISHI

がんぎ小《こ》僧《ぞう》

美《うつく》しくすみきった池《いけ》や川《かわ》の流《なが》れが，急《きゅう》に黒《くろ》くよどんで，死《し》の沼《ぬま》のようになることがある。それはがんぎ小《こ》僧《ぞう》が池《いけ》や川《かわ》にやってきて住《す》みつき，魚《さかな》をすべてたべつくし，水草《みずくさ》までかれさせてしまうので；死《し》の沼《ぬま》になるのだといわれている。川《かわ》の流《なが》れがよどんで，水《みず》が黒《くろ》っぽくなるのも，がんぎ小《こ》僧《ぞう》が姿《すがた》を見《み》せないようにするため，沼《ぬま》や川《かわ》の底《そこ》のどろをかきまわして，にごらせるのだという。

＊雨《あめ》ふり小《こ》僧《ぞう》

にわかに黒《くろ》い雲《くも》がたれこめはじめる夕方《ゆうがた》から夜《よる》にかけて、シトシトという足音《あしおと》がきこえると、雨《あめ》ふり小《こ》僧《ぞう》がやってくるという。

＊骨《ほね》女《おんな》

江戸時代《えどじだい》のこと、夜《よる》の十二時《じ》をすぎると「カラーン、コローン、カラーン……」とゲタの音《おと》がする。

うにじめじめと水気《みずけ》をふくみ、顔《かお》には青《あお》カビがはえている。子供《こども》のように背《せ》が小《ちい》さいのでうっかり安心《あんしん》して近《ちか》づくと、

「おや、あんたは水気《みずけ》がたりないぞ！」

と大人《おとな》のような顔《かお》で、ぶきみに話《はな》しかけてくる。そして、通《とお》りかかった人《ひと》は、着物《きもの》をびしょぬれにされて青《あお》カビをうつされるという。

窓《まど》をあけてみると、外《そと》のくらやみに美《うつく》しい着物《きもの》をきた若《わか》い娘《むすめ》が立《た》っている。そしてボタンの花《はな》かざりのついたちょうちんを持《も》っている姿《すがた》は、ひどくさびしそうだ。

そこで、家《いえ》の中《なか》へよびよせようと近《ちか》づくや、若《わか》い娘《むすめ》は急《きゅう》にふりかえってケタケタ笑《わら》うのだ。若《わか》い娘《むすめ》と見《み》えたのは、なんと全身《ぜんしん》ガイコツの骨女《ほねおんな》で、人間《にんげん》にしがみついたら死《し》ぬまではなれない妖怪《ようかい》だったのだ。

蛇骨《じゃこつ》ばばあ

その昔《むかし》、東北地方《とうほくちほう》の山奥《やまおく》に蛇五右衛門《じゃごえもん》という人《ひと》がいた。昼《ひる》の間《あいだ》はねむっていて、夜《よる》になるとどこへともなく姿《すがた》を消《け》したが、じつはなん万匹《まんびき》と集《あつ》まるヘビの巣《す》の親玉《おやだま》が人間《にんげん》に化《ば》けたものだった。そして、この蛇五右衛門《じゃごえもん》の妻《つま》が、もっと恐《おそ》ろしい蛇骨《じゃこつ》ばばあであった。右手《みぎて》に青《あお》い大蛇《だいじゃ》、左手《ひだりて》に赤《あか》い大蛇《だいじゃ》をからませた蛇骨《じゃこつ》ばばあは、この二匹《ひき》の大蛇《だいじゃ》をあやつって人間《にんげん》を一瞬《いっしゅん》に殺《ころ》してしまったという。青《あお》い大蛇《だいじゃ》はすべてのものをこおらす青《あお》い炎《ほのお》、赤《あか》い大蛇《だいじゃ》はどんなものでも焼《や》いてしまう赤《あか》い炎《ほのお》をはいたといわれている。

のっぺらぼう

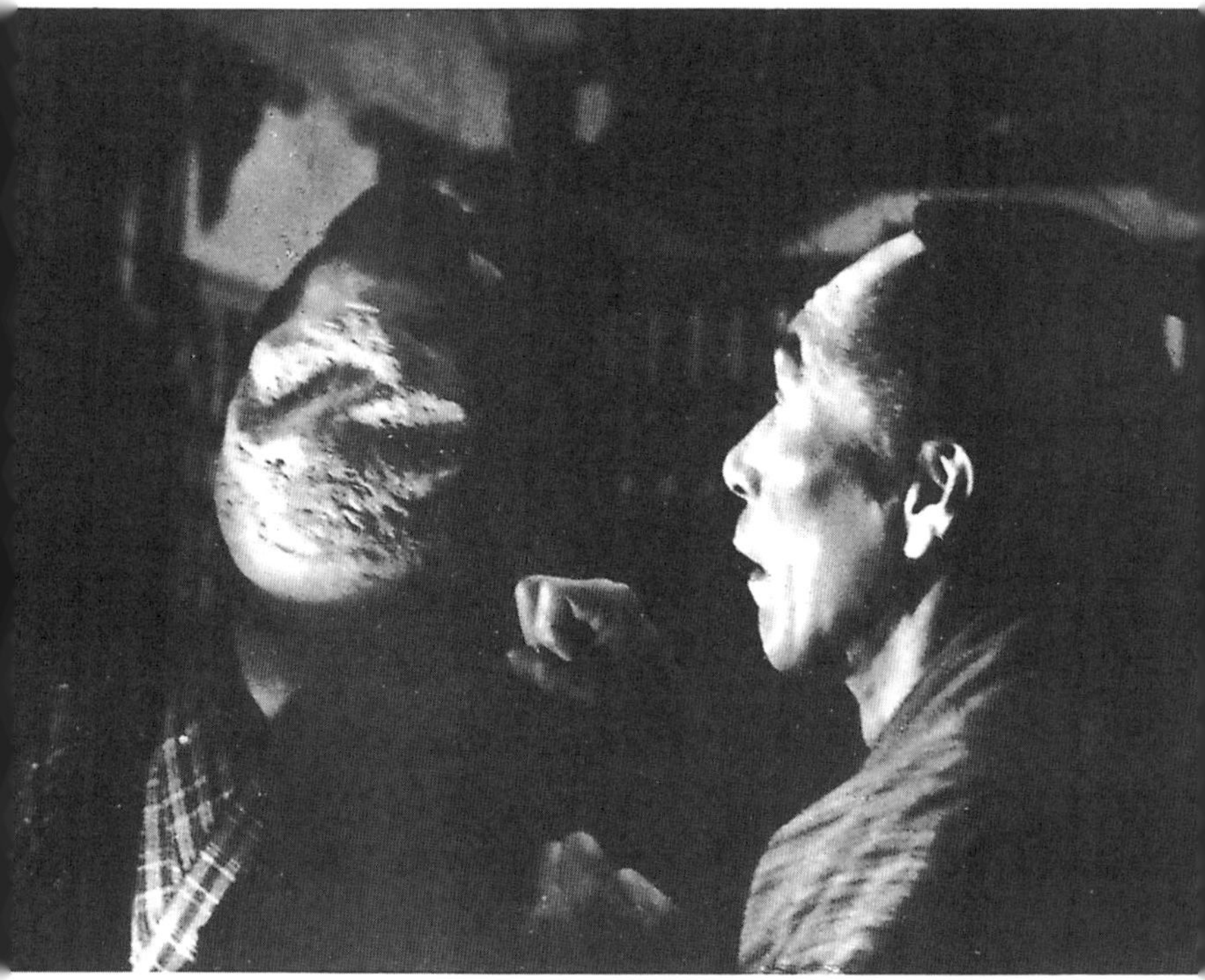

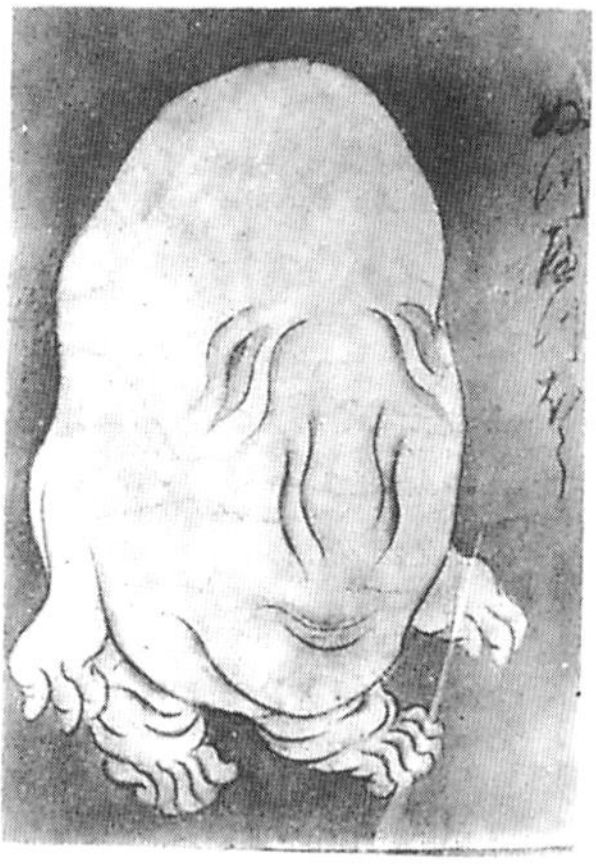

のっぺらぼうは、顔《かお》のない妖怪《ようかい》だ。人間《にんげん》に害《がい》をくわえないが、ひどくびっくりさせる。

しかし、この妖怪《ようかい》には二種類《しゅるい》あって、右《みぎ》の写真《しゃしん》のものは手足《てあし》がついていても首《くび》がなく、からだ全体《ぜんたい》がモチのようにねっとりとしている。また、上《うえ》の写真《しゃしん》のように、顔《かお》全体《ぜんたい》に目《め》や口《くち》や鼻《はな》がないものもある。これらは、たぶん目鼻《めはな》のうす

考《かんが》えられている。

＊歯《は》黒《ぐろ》べったり

古《ふる》い神社《じんじゃ》の森《もり》の中《なか》やさびしい墓地《ぼち》に、ひっそりとかくれているという歯黒《はぐろ》べったりは、女《おんな》の姿《すがた》をしたのっぺらぼうとよくにている。

人間《にんげん》が近《ちか》づくと、なにをいいたいのか、大《おお》きな口《くち》をあけて黒《くろ》い歯《は》をみせ、カチカチカチと歯《は》をならすという。とてもみにくい顔《かお》をした若《わか》い娘《むすめ》が、だれもお嫁《よ》めにもらってくれないので自殺《じさつ》してしまった。そのうらみが亡霊《ぼうれい》になって、墓場《はかば》や神社《じんじゃ》にさまよいでるのだという。

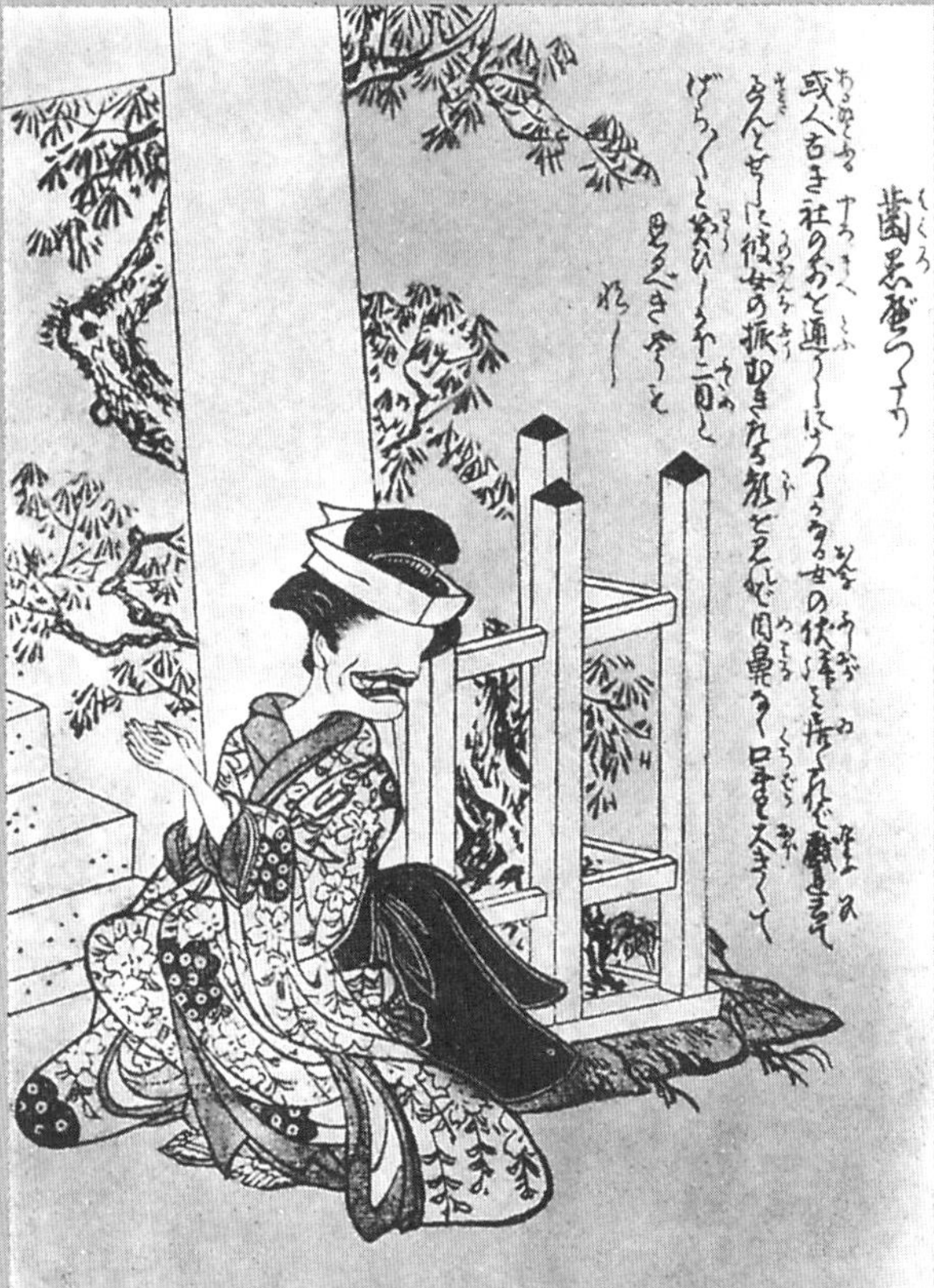

▶この妖怪《ようかい》がでたときは、「お嫁《よめ》にもらいますよ」というと姿《すがた》を消《け》すという。

ろくろ首《くび》

　ろくろ首《くび》は、ゴムのように長《なが》くのびてだんだん首《くび》が細《ほそ》くなり、数《すう》十メートルにもなる。夜中《よなか》にしのびこんで、ねむっている人間《にんげん》をたべてしまうという。

　また、ろくろ首《くび》は〈ぬけ首《くび》〉ともいって、胴体《どうたい》から首《くび》だけがぬけて空中《くうちゅう》を飛《と》びまわることもある。この場合《ばあい》は、ぬけ首《くび》の胴体《どうたい》はねむっていて、首《くび》のほうは虫《むし》をたべるために外《そと》へ出《で》て行《い》くからだ。

　しかし、首《くび》が長《なが》い間《あいだ》、胴体《どうたい》からはなれていると死《し》んでしまうので、胴体《どうたい》のほうをかくしておくと、首《くび》はくるったように胴体《どうたい》をさがしつづけたまま死《し》ぬという。

▶鎌倉《かまくら》時代《じだい》のこと。源頼光《みなもとのよりみつ》のけらいだった卜部季武《うらべのすえたけ》という武士《ぶし》が、うぶめがでるという川《かわ》へ、どきょうだめしに行《い》ったが、うぶめからあずかった赤《あか》んぼうは、三枚《まい》の葉っぱになったという。

うぶめの正体《しょうたい》は？

うぶめは、〈産女《うぶめ》〉とも〈産婦鳥《うぶめ》〉とも書《か》いて二種類《しゅるい》あるようだ。

〈産女《うぶめ》〉のほうは、野原《のはら》や川《かわ》ばたなどでだれにも見《み》とられずに赤《あか》ちゃんをうんで死《し》んでしまった母親《ははおや》の亡霊《ぼうれい》だという。

また〈産婦鳥《うぶめ》〉のほうは、山道《やまみち》の深《ふか》い谷《たに》間《ま》の道《みち》を旅《たび》していた女《おんな》の人《ひと》が、あやまって谷底《たにそこ》に落《お》ちて死《し》んでしまったが、そのときおなかの中《なか》にいた赤《あか》ちゃんも死《し》んでしまったので、その亡霊《ぼうれい》がワシのような鳥《とり》となって近《ちか》くの村《むら》の赤《あか》ちゃんをさらったり、赤《あか》ちゃんを口《くち》バシでつついたりするという。

そして、うぶめは人間《にんげん》と出《で》あうと、

「この赤《あか》ちゃんをだいて……だいたら、こっちへかへして……」

となん度《ど》もたのむ。そのとおりにしないと

▼冷《つめ》たくなった赤《あか》んぼうをかかえて出《で》る死霊《しりょう》の妖怪《ようかい》・うぶめ。

長《おさ》壁《かべ》姫《ひめ》

古城《こじょう》にすみついている妖怪《ようかい》で兵庫県《ひょうごけん》の姫路城《ひめじじょう》の天守閣《てんしゅかく》にもいたことが知《し》られている。一年《ねん》に一回《かい》だけ城主《じょうしゅ》とあって、城《しろ》の運《うん》命《めい》をつげるという。しかし、この妖怪《ようかい》が城《しろ》から姿《すがた》をけすと、その城《しろ》はほろびてしまうという。

一つ目小僧《めこぞう》

◀いまでも、ひとりの人間《にんげん》に頭《あたま》が二つあるシャム双生児《そうせいじ》などがいるが、昔《むかし》も、左《ひだり》の絵《え》のように頭《あたま》の上《うえ》に口《くち》だけある人間《にんげん》や、一つ目《め》の人間《にんげん》などがいたのだろう。

◀一《ひと》つ目《め》小僧《こぞう》は、たぬきが化《ば》けたものだともいわれているが……。

一つ目《め》小《こ》僧《ぞう》の正体《しょうたい》は？

古《ふる》い寺《てら》やあれはてた小屋《こや》などをたずねると、小《ちい》さな坊主《ぼうず》があらわれて、「お客《きゃく》さん、お茶《ちゃ》をどうぞ」という。ひょいと見《み》ると、目玉《めだま》がやけに大《おお》きくてまるい一つ目《め》の妖怪《ようかい》が、べろりと舌《した》をだす。おどろいて、お茶《ちゃ》をぐっとのみほすと、それが馬《うま》の小便《しょうべん》だったりする。

◀一《ひと》つ目《め》小僧《こぞう》がお茶《ちゃ》をはこんでくるところ。

をするのは、たぬきが一つ目小僧《めこぞう》に化《ば》けたのだろうと考《かんが》えたらしい。

ところが、いまでも各地方《かくちほう》の山《やま》ぶかい村《むら》などでは、一つ目小僧《めこぞう》の神《かみ》さまが信《しん》じられている。これは、ある神《かみ》さまがころんだときに、竹《たけ》ざさで片目《かため》をついてしまったので一つ目小僧《めこぞう》になったという伝説《でんせつ》である。

また、いまも昔《むかし》も生《う》まれながらの奇形児《きけいじ》ということが、ずいぶんと多《おお》いようだ。じっさい、いまでも一つ目《め》の気《き》のどくな赤《あか》ちゃんが生《う》まれることがあるという。

昔《むかし》の人《ひと》たちは、そういう一つ目《め》の子供《こども》をものめずらしい子《こ》として見世物小屋《みせものごや》に売りわたしたり、いやらしく恐《おそ》ろしい子として寺《てら》にあずけたり、だれもいない小屋《こや》にその子《こ》をすてたりしたという。

もし、わたしたちが一つ目《め》の人間《にんげん》の世界《せかい》に生《う》まれたら、どうなるだろうか？

油《あぶら》すまし

とても小《ちい》さなからだで，長《なが》いつえをもっている。大阪《おおさか》ことばで，ぺらぺらとしゃべり，たいへん頭《あたま》がよい。くるくるっと油《あぶら》すましのようにまわると，よいチエがでるという。

野寺坊《のでらぼう》は、だれも住《す》めそうもない古寺《ふるでら》にあらわれる。その昔《むかし》寺《てら》のお坊《ぼう》さんが死《し》ぬと、だれもあとつぎをする坊《ぼう》さんもなく、寺《てら》がすっかりさびれてしまったので、そのうらみが野寺坊《のでらぼう》になったのだという。この妖怪《ようかい》がでたときは、お経《きょう》をとなえると消《き》えるが、お経《きょう》をとなえないと頭《あたま》をまる坊主《ぼうず》にされたあげく、目《め》玉《だま》をくりぬかれるという。

◀左《ひだり》の絵《え》は、江戸時代《えどじだい》の妖怪《ようかい》の手本《てほん》にえがかれている野寺坊《のでらぼう》。

青《あお》坊《ぼう》主《ず》

とても身動《みうご》きがすばしこく、頭《あたま》もよく、いろいろな魔術《まじゅつ》を使《つか》うので、忍者《にんじゃ》のような妖怪《ようかい》だ。妖怪《ようかい》どうしで戦《たたか》ってもベスト・テンにはいる強《つよ》さである。変身《へんしん》の術《じゅつ》や千里《り》を一秒《びょう》で走《はし》る術《じゅつ》にすぐれ、とくにワナをしかけるのは超《ちょう》一流《りゅう》だ。

＊ももんじい

この妖怪《ようかい》は、ももんがあともよばれているが、ほんとうはまだ、だれひとりとして姿《すがた》を

＊青《あお》女《にょう》房《ぼう》

平安時代《へいあんじだい》のこと。みかどが住《す》んでいる宮《きゅう》殿《でん》によくあらわれたという。まるで死人《しにん》のような青《あお》い顔《かお》をしてマユが黒《くろ》ぐろと太《ふと》く、

毛《け》がはえているといわれているが、これはそのような姿《すがた》を空想《くうそう》しただけのことだ。
くらくて、さびしいところにはどこにでも住《す》んでいて、この妖怪《ようかい》にとりつかれたら、どんな人《ひと》でも重《おも》い病気《びょうき》になるという。

と、みかどにつかえる女官《じょかん》に、ささやきかけた。しかし、女官《じょかん》が首《くび》を横《よこ》にふると、あっというまに顔《かお》をまっくろにぬられてしまったり、朝《あさ》おきてみると顔《かお》にバカという文《も》字《じ》がかいてあったりしたという。
この妖怪《ようかい》は、女官《じょかん》になりたくなかった女《おんな》の人《ひと》の、うらみが亡《ぼう》霊《れい》になったのだといわれている。

雪女《ゆきおんな》

雪《ゆき》のふる日《ひ》に，すきとおるような白《しろ》い着物姿《きものすがた》の美《うつく》しい雪女《ゆきおんな》が，いつのまにか子供《こども》をつれさって行《い》くという。そして，子供《こども》をだいた雪女《ゆきおんな》は，通《とお》りすがりの大人《おとな》に「この子《こ》をだいてください」と悲《かな》しい声《こえ》でよびかけるという。

ところが，その子供《こども》は雪《ゆき》よりも冷《つめ》たく，だんだん重《おも》くなり，大人《おとな》は雪《ゆき》の下《した》にうずまって，こごえ死《し》んでしまうのだ。雪女《ゆきおんな》というのは，雪《ゆき》の精《せい》の化身《けしん》なのだろうか。

▼江戸時代《えどじだい》の人《ひと》たちが，とつぜんあらわれた人魂《ひとだま》におどろいている。

＊人魂《ひとだま》と鬼火《おにび》の科学《かがく》

人魂《ひとだま》と幽霊《ゆうれい》とのちがいは、幽霊《ゆうれい》がこの世《よ》の人《ひと》にうらみごとをのべるためにあらわれるのに、人魂《ひとだま》は人間《にんげん》になんの害《がい》もあたえないことだ。しかし、どうして雨《あめ》のふる夜《よる》に多《おお》く見《み》られるのだろうか。

これには死体《したい》の骨《ほね》にふくまれるリンが、雨《あめ》にあたってもえるという説《せつ》やガス体《たい》がもえるという説《せつ》がある。

また、**鬼火**《おにび》は昔《むかし》の人《ひと》たちがよくいう**戦場火**《せんじょうび》とか**草《そう》げん火**《び》などと同《おな》じものらしく、人間《にんげん》や牛《うし》や馬《うま》などの死体《したい》の血《ち》が、もえておこるという。たしかに、血液《けつえき》の中《なか》にもリン分《ぶん》がふくまれているが、その量《りょう》もわずかで、しかも、よほどの高温《こうおん》でないとリンは自然《しぜん》に発火《はっか》しないものだ。

ところが、警察《けいさつ》の犯罪捜査《はんざいそうさ》でよく使《つか》うルミノールという薬品《やくひん》は、古《ふる》くなった血液《けつえき》ほど、ちょっとぬっただけで青白《あおじろ》く光《ひか》る。すると死《し》体《たい》の骨《ほね》やそれにこびりついた血《ち》が地面《じめん》にはんしょくする特別《とくべつ》なバクテリアや土《つち》の中《なか》にあるかもしれないルミノール成分《せいぶん》とむすびついて発光《はっこう》するとも考《かんが》えられる。

また、**狐火**《きつねび》はキツネが古《ふる》い骨《ほね》に息《いき》をふきかけて光《ひか》らせるといわれているが、これは発光《はっこう》バクテリアの働《はたら》きによるのだろう。墓場《はかば》などに多《おお》い発光《はっこう》バクテリアは、しめり気《け》があるとよく光《ひか》るからだ。

3 人獣の妖怪*

半分《はんぶん》は人間《にんげん》で半分《はんぶん》は動物《どうぶつ》の姿《すがた》をしたものが半人半獣《はんじんはんじゅう》の妖怪《ようかい》といわれている。たとえば、牛《うし》のような二本《ほん》の角《つの》をもった人間《にんげん》が鬼《おに》であり、ヘビのようなウロコをした女性《じょせい》は、蛇女《へびおんな》というわけである。その多《おお》くは、人間《にんげん》が動物《どうぶつ》の血《ち》をすったり、動物《どうぶつ》の恐《おそ》ろしい霊《れい》が人間《にんげん》にのりうつったりして、人獣《じんじゅう》の妖怪《ようかい》となったといわれている。

▲渡辺綱《わたなべのつな》が羅生門《らしょうもん》の鬼《おに》とたたかう図《ず》。

女《じょ》郎《ろう》ぐも
ISHI

その昔《むかし》，百年《ひゃくねん》も長《なが》生《い》きした大《おお》クモが女の生き血《ち》をすすると，女は，たちまちクモの姿となり，こんどは男《おとこ》の生《い》き血《ち》をもとめてさまよった。昼《ひる》はすばらしく美《うつく》しい女《おんな》の姿《すがた》をしていて，夜《よる》になると口《くち》から青《あお》いけむりをひゅうとはいた。青《あお》いけむりは，無数《むすう》の小《ちい》さなクモとなって人間《にんげん》にからみつき，女郎《じょろう》ぐもは生《い》き血《ち》をちゅうちゅうすするのだ。おそわれた人間《にんげん》は，生《い》きたしかばねと化《か》すとい

一角人《いっかくじん》

頭《あたま》の上《うえ》に一本《ぽん》はえた角《つの》は、鉄《てつ》のとびらをもつきやぶるという強力《きょうりょく》なもので、しかも、この角《つの》は百キロも遠《とお》いものの音《おと》や人間《にんげん》の話《はな》し声《こえ》をきくことができる超能力《ちょうのうりょく》をはっきりする。しかし、太陽《たいよう》の光《ひかり》にあたると角《つの》はとけてしまう。

＊清《きよ》姫《ひめ》

いまから約《やく》千二百年《ねん》ほどまえのこと。東北《とうほく》地方《ちほう》から和歌山県《わかやまけん》の熊野《くまの》にやってきた安珍《あんちん》と

＊うろこ人《じん》

五百年《ねん》ほど昔《むかし》のこと。いまの徳島県《とくしまけん》の海岸《かいがん》に住《す》んでいた藤太郎《とうたろう》という漁師《りょうし》が、ある日《ひ》、

束をした。しかし、いつまで待っても安珍《あんちん》は結婚《けっこん》をしてくれない。それどころか、安珍《あんちん》はこっそりと逃《に》げだした。だまされたと知《し》った清姫《きよひめ》は、いかりにもえてどこまでも安珍《あんちん》をおいかけた。うらみの強《つよ》くこもった清姫《きよひめ》は、とうとうヘビになり竜《りゅう》になってしまった。

安珍《あんちん》は恐《おそ》ろしくなって大《おお》きなカネの中《なか》に身《み》をかくしたが、竜《りゅう》と化《か》した清姫《きよひめ》は、口《くち》から火《ひ》をはいて安珍《あんちん》をカネごととかしたという。

大《おお》きさが五〇センチほどで、人間《にんげん》のような形《かたち》をした二本《ほん》の手《て》が、にょっきりとはえているのだ。そして、口《くち》をパクパクさせながら、

「どうか、海《うみ》へにがしてください」

と人間《にんげん》のことばでしゃべったという。だが藤《とう》太郎《たろう》は、めずらしい魚《さかな》だとばかり見世《みせ》ものにしたところ、すぐに死《し》んでしまった。

ところが、その夜《よる》のこと、藤太郎《とうたろう》の全身《ぜんしん》に魚《さかな》のウロコがはえてきたという。

羅生門《らしょうもん》の鬼《おに》

いまから1000年《ねん》ほどまえのこと。京都《きょうと》の東寺《とうじ》の近《ちか》くに羅生門《らしょうもん》があった。ある夜《よ》，この門《もん》のあたりを通《とお》りかかった渡辺綱《わたなべのつな》という武士《ぶし》は，美《うつく》しい娘《むすめ》によびかけられて近《ちか》よると，娘《むすめ》はたちまち鬼《おに》と化《か》しておそいかかった。渡辺綱《わたなべのつな》は，ふりはらった刀《かたな》で鬼《おに》の腕《うで》を切《き》りとったが，7日後《かご》に鬼《おに》は綱《つな》のおばに化《ば》けて腕《うで》をとりもどしたという。

ISHI

般《はん》若《にゃ》

般若《はんにゃ》は、平安《へいあん》時代《じだい》や鎌倉《かまくら》時代《じだい》に、京都《きょうと》ふきんによくあらわれた。もともとは、インドのほうからやってきた妖怪《ようかい》で鬼《おに》の先祖《せんぞ》ともいわれている。うらみをもつ死人《しにん》の魂《たましい》が化《ば》けたものだが、般若心経《はんにゃしんきょう》というお経《きょう》をとなえるとにげて行《い》くという。

＊鬼《おに》一《ひと》口《くち》

鬼《おに》のなかまのうちでも、どれくらい大《おお》きいか、けんとうもつかないほど大《おお》きなやつだ。

＊髪《かみ》鬼《おに》

江戸《えど》時代《じだい》のこと。とてもみにくい娘《むすめ》が、その顔《かお》をかくしたいばかりに髪《かみ》の毛《け》を長《なが》く

ろしか見《み》えないという。
とくに、夜《よる》おそく一じんの風《かぜ》とともに空《そら》の一角《かく》からあらわれ、若《わか》くて美《うつく》しい娘《むすめ》をねらって、たった一口《ひとくち》でたべてしまうところから、この名《な》まえがついた。

にハラがたった。あまりにうらみがつのったためか、とうとう髪《かみ》の毛《け》がゴワゴワとかたくなり、ハサミで切《き》ろうとしても切《き》れなくなった。そして、髪《かみ》の毛《け》が鬼《おに》の角《つの》のように、にょっとつき立《た》ったという。

ぬれ女《おんな》

江戸時代《えどじだい》のこと，北陸地方《ほくりくちほう》や九州地方《きゅうしゅうちほう》の川《かわ》や海《うみ》べにさかんにあらわれた妖怪《ようかい》・ぬれ女《おんな》は長《なが》さ300メートルもの蛇身《じゃしん》で，見《み》つけられたが最期《さいご》，にげられないという。

▶北陸地方《ほくりくちほう》にあらわれたぬれ女《おんな》は、川《かわ》にすんでいて、魚《さかな》つりにきた人《ひと》たちをおそったという。

血《ち》をすうぬれ女《おんな》

江戸時代《えどじだい》（一八一九年《ねん》）の夏《なつ》のこと。いまの新潟県《にいがたけん》の信濃川《しなのがわ》上流《じょうりゅう》に、ひのき森《もり》という村《むら》があった。村《むら》の若者《わかもの》四人《にん》が魚《さかな》つりに行《い》き、川《かわ》の上流《じょうりゅう》にあるツツガ森《もり》というさびしいところに出《で》た。そこは、血《ち》を吸《す》うダニの一種《しゅ》ツツガ虫《むし》が無数《むすう》にすみ、なん百というヘビが大《おお》きな巣《す》をつくっているというので、だれも近《ちか》よらないところだ。

しかし、このツツガ森《もり》の中《なか》をとおる川《かわ》に糸《いと》をたれると、とりきれないほど魚《さかな》がつれるではないか。四人《にん》の若者《わかもの》が、すっかりむちゅうになっていると、ふいに川《かわ》がざわざわとさわいで、黒《くろ》い髪《かみ》のようなものが音《おと》もなくうずまいている……。

とつぜん、すうっと水面《すいめん》に女《おんな》の顔《かお》があらわれた。水《みず》にぬれた女《おんな》の顔《かお》が、あまりに美《うつく》

●山陰《さんいん》地方《ちほう》の島根県《しまねけん》や九州《きゅうしゅう》地方《ちほう》にあらわれたぬれ女《おんな》は，海《うみ》にすんでいて海岸《かいがん》にやってきた。漁師《りょうし》の若《わか》い男《おとこ》がとくにねらわれたというが，海《うみ》へビの化身《けしん》ではないかともいわれている。

思わず、ひきこまれてじっと見つめていると、女《おんな》の口《くち》からまっ赤《か》な長《なが》い舌《した》が、ひゅうとのびてきた。

「うわっ!!ぬれ女《おんな》だ。にげろ!」

若者《わかもの》たちは、いちもくさんに走《はし》りだしたが、ぬれ女《おんな》は耳《みみ》までさけた大《おお》きな口《くち》をひらいて追《お》いかけてくる。長《なが》さ二百メートルもある青《あお》い蛇身《じゃしん》をするするとのばして、あっというまに若者《わかもの》たちをまきこんでしまったのだ。そして、ぬれ女《おんな》はひとりひとりの若《わか》者《もの》の生《い》き血《ち》をすすった。

若者《わかもの》たちは、まるでヘビのぬけがらのように骨《ほね》と皮《かわ》ばかりになって、地面《じめん》にどさりと投《な》げおとされたという。

この恐《おそ》ろしいぬれ女《おんな》は、なん百人《にん》もの人《にん》間《げん》の血《ち》をすいつづけて、だんだん大《おお》きくなり、ますます魔力《まりょく》をたくわえて、このような姿《すがた》となったのだといわれている。

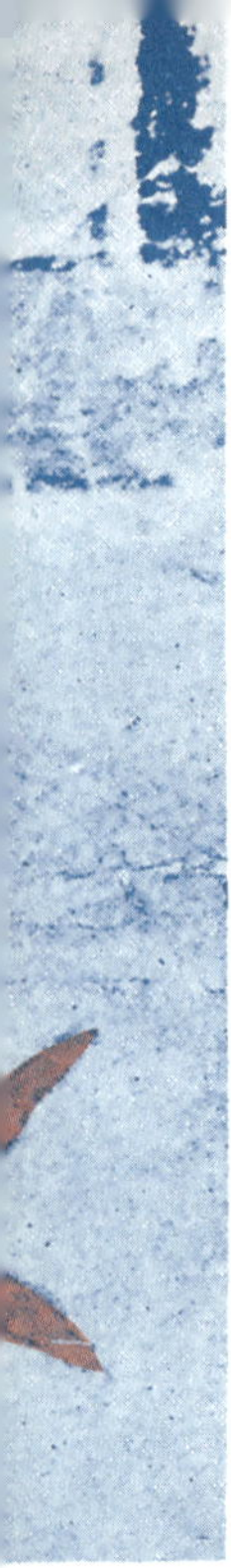

人《にん》 魚《ぎょ》

▼人魚《にんぎょ》は，ヒバリやシカのような声《こえ》で鳴《な》きウロコは金色《きんいろ》にかがやいていて，とてもよいかおりがするという。

◀人魚《にんぎょ》の肉《にく》をたべると歳《とし》をとらないという。（福井県小浜市《ふくいけんおばまし》の空印寺《くういんじ》にある絵《え》）

人魚《にんぎょ》の正体《しょうたい》は？

四八四年《ねん》――いまから千五百年《ねん》ほどまえのこと。若狭《わかさ》の国《くに》（いまの福井県小浜市《ふくいけんおばまし》）の海辺《うみべ》に高橋権太夫《たかはしごんだゆう》という金持《かねも》ちがいた。

あるとき、権太夫《ごんだゆう》は海《うみ》へでると、ひとりの美《うつく》しい女《おんな》にまねかれて、見《み》しらぬ島《しま》につれて行《い》かれた。そして帰《かえ》るとき、見《み》たこともない人魚《にんぎょ》を一ぴきもらったのだ。

「この人魚《にんぎょ》の肉《にく》は、舌《した》がとろけるほどおいしく、たべるとけっして歳《とし》をとりません」

といわれたのだが、どうも気持《きも》ちが悪《わる》くてたべる気《き》がしない。

ところが、権太夫《ごんだゆう》の娘《むすめ》が人魚《にんぎょ》の肉《にく》をこっそりとたべてしまったのだ。まるで夢見《ゆめみ》ごこちのように、おいしい人魚《にんぎょ》の肉《にく》だった。

一年《ねん》、二年《ねん》……権太夫《ごんだゆう》の娘《むすめ》は、なん年《ねん》たっても歳《とし》をとらず若《わか》くて美《うつく》しい。やはり

十歳《さい》となっても若《わか》いままだったので、自分《じぶん》でも恐《おそ》ろしくなってきた。とうとう百二十歳《さい》になったとき、頭髪《とうはつ》をそって尼《あま》さんになり、それから八百歳《さい》になるまで生《い》きていたという。

　これは、人魚《にんぎょ》についてのいちばん古《ふる》い記録《きろく》であるが江戸時代《えどじだい》までに約《やく》五十以上《いじょう》もの記録《きろく》が、おもに日本海岸《にほんかいがん》一帯《たい》に見《み》られる。

　いったい、この人魚《にんぎょ》の正体《しょうたい》はなにか。アザラシやアシカなどを見《み》まちがえたという考《かん》えもあるが、南洋《なんよう》や日本海《にほんかい》の南《みなみ》の海《うみ》にいるジュゴンではないかともいわれている。

　このジュゴンのメスは、胸《むね》に二つのおちちがあり、ヒレで自分《じぶん》の子《こ》どもをだいて、頭《あたま》を海面《かいめん》からだしているからだという。

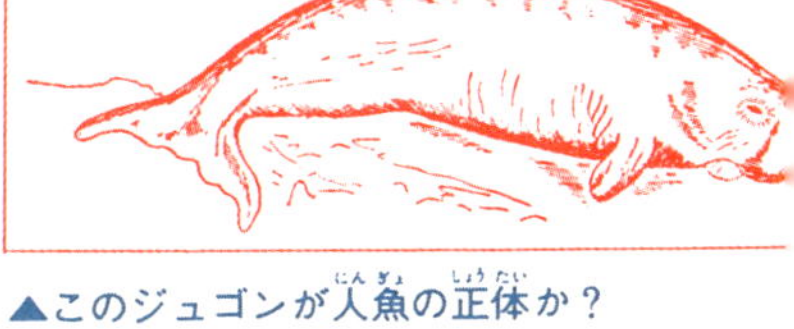

▲このジュゴンが人魚《にんぎょ》の正体《しょうたい》か？

▼江戸時代《えどじだい》の幽霊画《ゆうれいが》の名人《めいじん》《円山応挙《まるやまおうきょ》》は，かいている絵《え》が幽霊《ゆうれい》になったという。

＊妖怪《ようかい》の超能力《ちょうのうりょく》と弱点《じゃくてん》

妖怪《ようかい》の特徴《とくちょう》をよく見《み》てみると、いろいろな超能力《ちょうのうりょく》をもっていることがわかる。まるで、ＳＦマンガや小説《しょうせつ》にでてくるスーパーマンのようである。

①忍術《にんじゅつ》のように姿《すがた》をあらわしたかと思《おも》うと、急《きゅう》に消《き》えたり、また小《ちい》さなすき間《ま》や壁《かべ》も自由《じゆう》にとおりぬけることができる。

②いろいろな姿《すがた》に変身《へんしん》することができ、人間《にんげん》にとりついて、その人《ひと》の顔《かお》に変《か》わることもある。

③一瞬《いっしゅん》のうちに、空《そら》を飛《と》ぶテレポーションもできる。

④とても頭《あたま》がよく、人間《にんげん》が考《かんが》えていることを見《み》ぬくことができる。

⑤ものすごい力《ちから》を持《も》つ。

⑥身動《みうご》きが、すばしこい。

⑦ふしぎな魔力《まりょく》を持《も》っていて、人間《にんげん》を見《み》えない力《ちから》でしばったり、人間《にんげん》を病気《びょうき》にしたり気《き》を狂《くる》わせたりすることができる。

⑧雨《あめ》を降《ふ》らして雷《かみなり》をよんだり、風《かぜ》を巻《ま》きおこしたり鬼火《おにび》をよんだりして、自然《しぜん》の力《ちから》をあやつる。

⑨刀《かたな》やピストルで傷《きず》つけても、なかなか死《し》なない。一度《いちど》死《し》んでも、また生《い》きかえったりする。

しかし、弱点《じゃくてん》もあって妖怪《ようかい》をたいじするには、念仏《ねんぶつ》をとなえたり「南無阿彌陀仏《なむあみだぶつ》」などと書《か》いた護符《ごふ》をはったりしておくとよい。また妖怪《ようかい》は夜《よる》に強《つよ》いけれど、日光《にっこう》にあたると魔力《まりょく》を失《うし》なってしまう。

4 妖怪出現の記録

▼足柄山《あしがらやま》の《金太郎《きんたろう》》は，いろいろな妖怪《ようかい》をたいじしたという。

＊

鬼《おに》や幽霊《ゆうれい》などの妖怪《ようかい》は、いったい、いつのころからあらわれるようになったのだろうか。約一七〇〇年《ねん》以上《いじょう》まえからの日本《にほん》の歴史《れきし》をたどり、多《おお》くの古《ふる》い歴史書《れきししょ》や説話《せつわ》、各地方《かくちほう》にのこる文献《ぶんけん》から妖怪変化《かいへんげ》の出現《しゅつげん》を見《み》てみよう。

▲須佐之男命《すさのおのみこと》が出雲《いずも》の国《くに》で八頭《やまた》の大蛇《おろち》をたいじ。

時代	古代《こだい》（神話の時代で1700年以上まえ）
年代	妖怪出現《ようかいしゅつげん》の記録《きろく》
神代①	◉イザナミノミコトという人《ひと》は、黄泉国《よみのくに》（地獄《じごく》の国《くに》）へ自由《じゆう》に行《い》ったり来《き》たりできたというが、そこで地獄《じごく》の亡者《もうじゃ》や鬼《おに》、幽霊《ゆうれい》などに追《お》いかけられ逃《に》げてきた。
神代②	◉スサノオノミコトという勇者《ゆうしゃ》が、出雲《いずも》の国《くに》（いまの島根県《しまねけん》ふきん）で、八つの頭《あたま》をもった大蛇《おろち》に八つのツボにはいった酒《さけ》をのませ、よっぱらったところをみはからい、みごと首《くび》をはねてたいじした。
神代③	◉トヨタマ姫《ひめ》という人《ひと》が、竜《りゅう》に変身《へんしん》した。
神代④	◉ヤマトタケルノミコトという勇者《ゆうしゃ》は、クジラほどもある怪魚《かいぎょ》を讃岐《さぬき》（いまの香川県《かがわけん》）の海《うみ》で、たったひとりでたいじした。

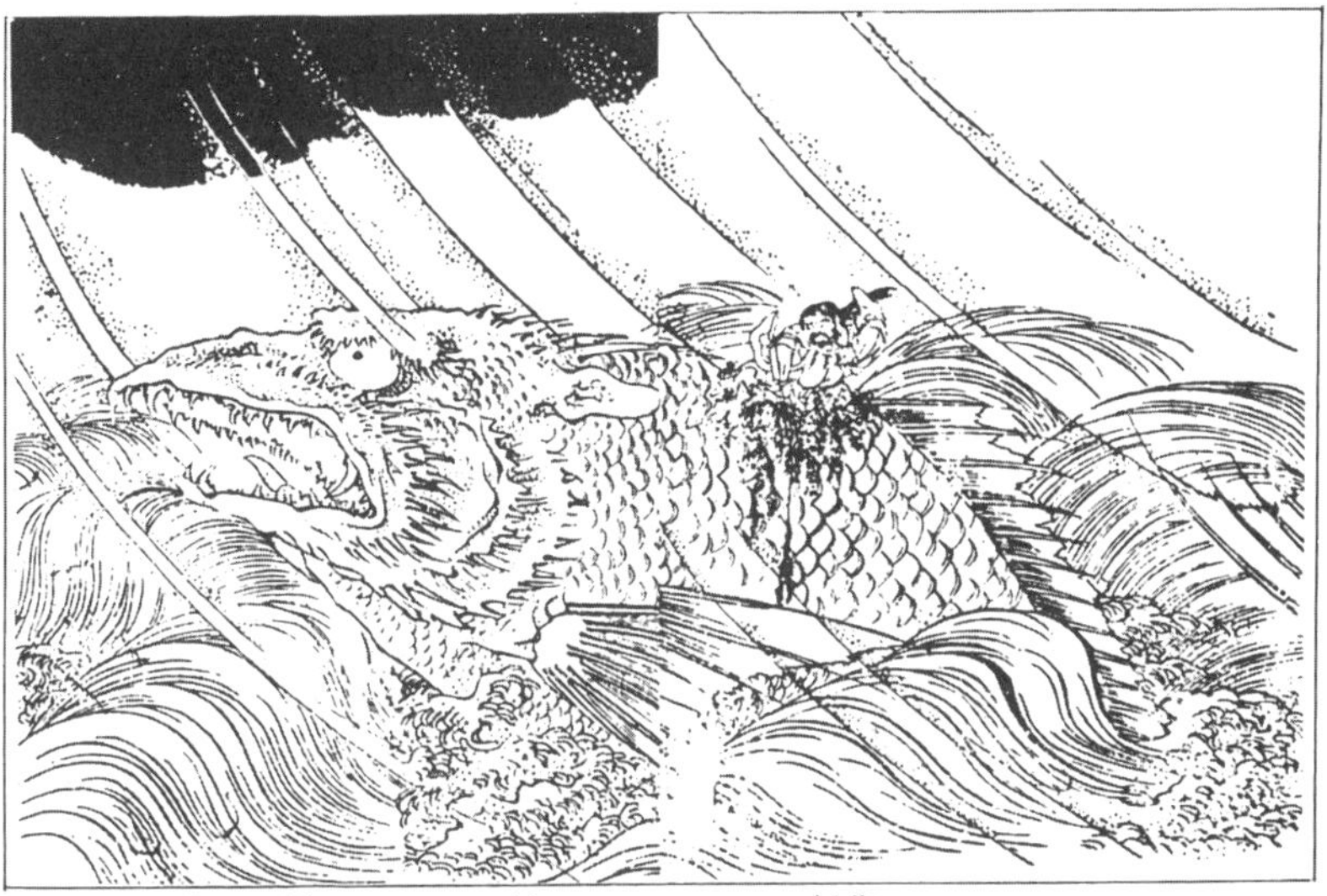

▲日本武尊《やまとたけるのみこと》は，讃岐《さぬき》の海《うみ》でクジラほどの悪魚《あくぎょ》をたいじ。

大《やま》和《と》時《じ》代《だい》（西暦300年から710年まで）

本《ほん》の手《て》と四つの足《あし》。その四本《ほん》の手《て》で弓《ゆみ》矢《や》をつかい剣《けん》をふるい大《おお》あばれした。

三七九年	◎備中《びっちゅう》の国《くに》（岡山県西北部《おかやまけんせいほくぶ》）の川《かわ》に大《おお》みずちがあらわれ、ものすごい毒液《どくえき》で多《おお》くの人《ひと》が死《し》んだ。
四八四年	◎八百比丘尼《はっぴゃくびくに》というあまさんが人魚《にんぎょ》をたべた。（一一〇ページを見よ）
五八四年	◎このころより天狗《てんぐ》があらわれる。
五九八年	◎奈良県明日香村《ならけんあすかむら》にある元興寺《がんこうじ》に、ものをいうふしぎな木《き》がはえ、これを切《き》ろうとした人《ひと》は次《つぎ》つぎと死《し》んだ。
六一九年	◎聖徳太子《しょうとくたいし》に人魚《にんぎょ》が献上《けんじょう》された。
六一七年	◎九州《きゅうしゅう》の海岸《かいがん》に中国《ちゅうごく》からわたってきた河童《かっぱ》が、大群上陸《たいぐんじょうりく》。九千匹《びき》にふえる。
六六〇年	◎このころ、石見山《いわみやま》（島根県《しまねけん》ふきん）という山《やま》にツツガ虫《じし》が大発生《だいはっせい》。近《ちか》くの村《むら》の人《ひと》たちの生血《いきち》をすって恐《おそ》れられた。
七〇七年	◎全国《ぜんこく》に疫病神《やくびょうがみ》があばれて、多《おお》くの人《ひと》が死《し》に、二つの面《めん》をもつ鬼《おに》が登場《とうじょう》。

奈良時代《ならじだい》には，死人《しにん》の霊《れい》はまだ幽霊《ゆうれい》ならず，がいこつや動物《どうぶつ》の姿《すがた》となって現《あら》われるものと信《しん》じられていた。

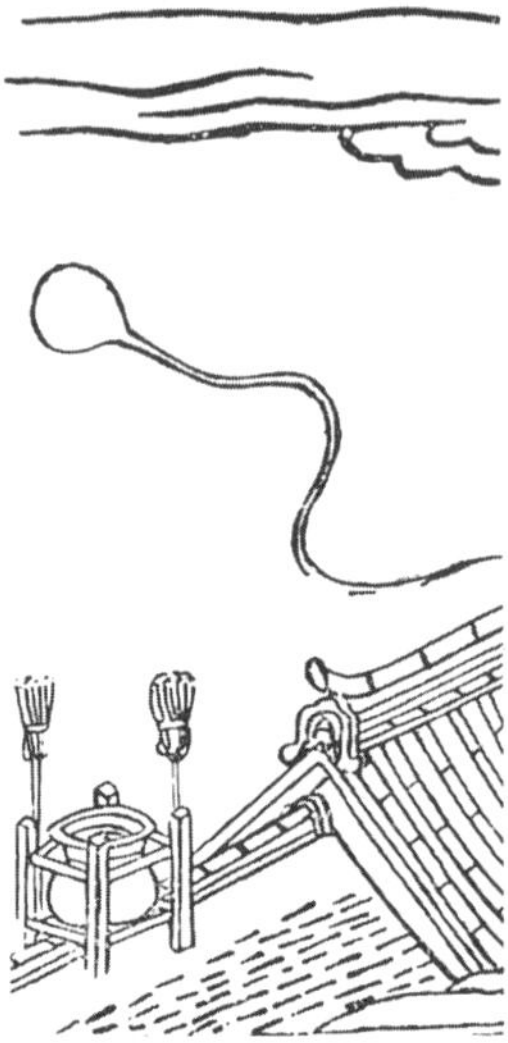

▶人間《にんげん》が死《し》ぬと人魂《ひとだま》になって空中《くうちゅう》を飛《と》んで行《い》くと考《かんが》えられていた。

奈良時代《ならじだい》（710年から794年まで）

年代	妖怪出現の記録
七一九年	◉いまの奈良県《ならけん》あたりに鬼《おに》が出現《しゅつげん》。地主《じぬし》の娘《むすめ》が頭《あたま》と手《て》をのこして食《た》べられてしまう。
七四一年	◉東北地方《とうほくちほう》に赤《あか》い雪《ゆき》がふる。
七五九年	◉「万葉集《まんようしゅう》」に、人魂《ひとだま》の記録《きろく》が書《か》かれた。死《し》んだ恋人《こいびと》にあいたいけれど、青《あお》くもえる恋人《こいびと》の人魂《ひとだま》にあえるのは、雨《あめ》のふる夜《よる》だけなので、とても待《ま》ちどおしい……という和歌《わか》である。
七七〇年	◉京都《きょうと》の西大寺《さいだいじ》の土台石《どだいいし》に使《つか》おうとした石《いし》が、ぶきみに動《うご》いて鳴《な》りだした。これをくだいたところ、石《いし》のたたりで多《おお》くの人《ひと》がふしぎな病気《びょうき》にかかった。
七七六年	◉京都《きょうと》で、この年《とし》の九月二十日から二十数日間《すうにちかん》、毎夜石《まいよいし》の雨《あめ》がふりつづいた。
七七八年	◉広島県北部《ひろしまけんほくぶ》の村《むら》に、髑髏《どくろ》の妖怪《ようかい》があらわれる。

◀この時代《じだい》は、仏教《ぶっきょう》がだんだんひろがると、人間《にんげん》は死《し》んで人魂《ひとだま》となり、地獄《じごく》へ行《い》くものと考《かんが》えられるようになった。そこで、地獄《じごく》には、三つ目《め》の鬼《おに》がいて、人間《にんげん》が生《い》きていたころの罪《つみ》の重《おも》さによって、罰《ばつ》を与《あた》えると信《しん》じられていたのである。

平《へい》安《あん》時《じ》代《だい》（794年から1185年まで）

	がいっせいに集まって二つにわかれ、ガマの大合戦《だいがっせん》が行《おこ》なわれた。
八一九年	◉京都《きょうと》に白《しろ》い竜《りゅう》があらわれ、ものすごい暴風《ぼうふう》をおこして人家《じんか》の屋根《やね》を飛《と》ばす。
八一五年	◉琵琶湖《びわこ》に人魚《にんぎょ》が姿《すがた》をあらわす。
八三四年	◉京都《きょうと》で数《すう》百の天狗《てんぐ》が空《そら》を飛《と》ぶ。
八四五年	◉山城《やましろ》の国《くに》（滋賀県大津市《しがけんおおつし》のふきん）に、ハチより大きな蝱虫《もうちゅう》という昆虫《こんちゅう》が大群《たいぐん》をなして集《あつ》まる。全体《ぜんたい》がまっ赤《か》で首《くび》のところが黒《くろ》い虫《むし》で、牛《うし》や馬《うま》だけをねらって殺《ころ》し、たちまち骨《ほね》だけをのこした。
八六〇年	◉京都《きょうと》の愛宕山《あたごやま》に大天狗《おおてんぐ》があらわれる。
八七五年	◉京都《きょうと》でぬえの合戦《かっせん》があった
八七七年	◉京都《きょうと》に、毎夜《まいよ》人食《ひとく》い鬼《おに》がでる。
八八九年	◉そのころの天皇《てんのう》のまえに、背《せ》の高《たか》さ一メートルの小《ちい》さな老人《ろうじん》が、とつぜんあらわれた。ひふがコケのような姿《すがた》をしていたが、正体《しょうたい》は水《みず》の妖精《ようせい》だった。

雷となった菅原道真《すがわらみちざね》の亡霊《ぼうれい》

時代	年代	妖怪出現の記録
平安時代《へいあんじだい》（794年から1185年まで）	九〇〇年	⊙和歌山県《わかやまけん》の熊野神社《くまのじんじゃ》へ行《い》くとちゅう安珍《あんちん》という僧侶《そうりょ》は、竜《りゅう》と化《か》した清姫《きよひめ》に殺《ころ》された。
	九〇八年	⊙菅原道真《すがわらみちざね》の亡霊《ぼうれい》が雷《かみなり》と化《か》して宮中《きゅうちゅう》に落《お》ち、藤原家《ふじわらけ》の貴族《きぞく》たちを次《つぎ》つぎとのろい殺《ころ》した。
	九五五年	⊙京都《きょうと》の羅生門《らしょうもん》にはじめて鬼《おに》がでる。
	九五八年	⊙京都《きょうと》に人《ひと》を食《く》う女鬼《おんなおに》があらわれる。
	一〇七七年	⊙岡山県《おかやまけん》のあたりに、らいごう出現《しゅつげん》。
	一一四四年	⊙滋賀県大津《しがけんおおつ》に二面女《にめんおんな》がでた。顔《かお》の大《おお》きさが二〇センチもあり、二つの目《め》とあごまである鼻《はな》、口《くち》はあごの下《した》にあった。また頭《あたま》のうしろにもうひとつの鼻《はな》と口《くち》があり、一つの目《め》がついていた。
	一一五〇年	⊙岐阜県《ぎふけん》の山中《さんちゅう》に人《ひと》を殺《ころ》す猫狗《ねこいぬ》がでる。
	一一五二年	⊙源頼政《みなもとのよりまさ》が夜《よ》ごとにあらわれるぬえをた

▶右大臣菅原道真《うだいじんすがわらのみちざね》は、藤原家《ふじわらけ》の人《ひと》たちのだましうちで死《し》ぬと、そのふくしゅうをとげるため、雷《かみなり》となって左大臣藤原時平《さだいじんふじわらのときひら》など五人をのろい殺《ころ》した。

◀「一枚《まい》…二枚《まい》…」と毎晩《まいばん》、皿《さら》の数《かず》をかぞえながらあらわれる皿屋敷《さらやしき》のお菊《きく》の幽霊《ゆうれい》。井戸《いど》にさかさづりにして突《つ》きおとした奥方《おくがた》などに、うらみをのべるためにお菊《きく》は幽霊《ゆうれい》になったという。

鎌《かま》倉《くら》時《じ》代《だい》（1185年から1333年まで）

	髑髏《どくろ》におそわれる。
一一八〇年	◉京都《きょうと》に、夜《よ》ごと百鬼《ひゃっき》のむれがでた。
一一八五年	◉このころ東北地方《とうほくちほう》(秋田県《あきたけん》・青森県《あおもりけん》)の日本海《にほんかい》にさかんに人魚《にんぎょ》があらわれる。
一一九〇年	◉関東地方《かんとうちほう》は大雨《おおあめ》と雷鳴《らいめい》がとどろき、山《やま》々《やま》がぶきみにふるえ竜《りゅう》があらわれた。
一二三一年	◉奈良地方《ならちほう》に妖獣《ようじゅう》がでる。大《おお》きさは犬《いぬ》ほどだが、目《め》は猫《ねこ》のように青《あお》く光《ひか》って、夜《よる》になると人間《にんげん》を食《く》い殺《ころ》した。
一二四〇年	◉京都《きょうと》の清水寺《きよみずでら》に天狗《てんぐ》がでる。
一二四七年	◉青森県《あおもりけん》の海《うみ》に人魚《にんぎょ》がたびたび姿《すがた》を見《み》せる。
一二五九年	◉この年《とし》、全国《ぜんこく》に疫病《えきびょう》が大流行《だいりゅうこう》し、死体《したい》を食《く》う女鬼《おんなおに》や餓鬼《がき》がむれをなした。
一二九〇年	◉播磨《はりま》の国《くに》（いまの兵庫県《ひょうごけん》）の女中《じょちゅう》お菊《きく》が、家宝《かほう》の南蛮皿《なんばんざら》十枚《まい》のうち一枚《まい》を割《わ》る。これが、番町皿屋敷《ばんちょうさらやしき》の怪談《かいだん》である。

▶室町時代《むろまちじだい》になると、幽霊《ゆうれい》の存在《そんざい》が信《しん》じられるようになり、女《おんな》の幽霊《ゆうれい》が多《おお》くなった。

時代	年代	妖怪出現の記録
室町時代《むろまちじだい》（1333年から1390年まで）		
	一三二四年	◉出雲《いずも》の国《くに》（島根県《しまねけん》）に天馬《てんま》あらわれ、一日に千里《せんり》を走《はし》る。
		◉京都《きょうと》の上空《じょうくう》に怪鳥《かいちょう》が飛《と》ぶ。頭《あたま》が人間《にんげん》の首《くび》、胴体《どうたい》には蛇《へび》のようなウロコがあって、羽《はね》の長《なが》さは四メートル八〇もあった。
	一三五七年	◉伊勢《いせ》（三重県《みえけん》）の海《うみ》に人魚《にんぎょ》がでる。
	一三六一年	◉大阪《おおさか》の海岸《かいがん》に大《おお》きさ六メートルほどの竜《りゅう》が二匹《ひき》あらわれた。この竜《りゅう》は、大阪《おおさか》の天王寺《てんのうじ》までやってきて金堂《こんどう》に巻《ま》きついたがものすごい雷光《らいこう》を発《はっ》したかと思《おも》うと、一瞬《いっしゅん》にして金堂《こんどう》を吹《ふ》きとばした。
	一三六七年	◉山口県《やまぐちけん》の瀬戸内海《せとないかい》より海上《かいじょう》に、ものすごい海蛇《うみへび》がでて、船《ふね》をなん隻《せき》も沈《しず》めて大《おお》あばれした。
	一四〇八年	◉このときの将軍《しょうぐん》足利義持《あしかがよしもち》の館《やかた》の庭《にわ》に、

▶山《やま》の奥《おく》には仙人《せんにん》がいるといわれていたがこれは奈良県《ならけん》の山中《さんちゅう》にいた久米仙人《くめのせんにん》の絵《え》。

◀戦国時代《せんごくじだい》はとくに武士《ぶし》の戦争《せんそう》が長《なが》くつづいたためもあって、武士《ぶし》のうらみをのこした魂《たましい》が戦場《せんじょう》に鬼火《おにび》となってもえたという。

戦《せん》国《ごく》時《じ》代《だい》（1390年から1603年まで。桃山時代《ももやまじだい》をふくむ）

一四六五年　◎京都《きょうと》の愛宕山《あたごやま》の太郎坊《たろうぼう》という大天狗《だいてんぐ》のところに、なん百という天狗《てんぐ》が一族《いちぞく》のからす天狗《てんぐ》をつれてきて大集会《だいしゅうかい》。

一四七七年　◎東北地方《とうほくちほう》に赤《あか》い雪《ゆき》が三センチつもる。

一五二六年　◎将軍足利義晴《しょうぐんあしかがよしはる》のけらい畠山義忠《はたけやまよしただ》が馬《うま》にのって行《い》くと、空《そら》からまいおりた妖女《ようじょ》が呪文《じゅもん》をとなえ馬《うま》を一瞬《いっしゅん》にして殺《ころ》す。

一五四六年　◎中国地方《ちゅうごくちほう》に人《ひと》の血《ち》をすう赤犬《あかいぬ》がでる。

一五七九年　◎豊臣秀吉《とよとみひでよし》がたてた安土城《あづちじょう》にゾウのように大《おお》きい牛《うし》の妖怪《ようかい》がでた。刀《かたな》で切《き》りつけても血《ち》がでず、姿《すがた》を消《け》すという妖怪《ようかい》だった。

一五八五年　◎長野県《ながのけん》の羽場村《はねばむら》の川《かわ》に河童《かっぱ》があらわれ馬《うま》を川《かわ》の底《そこ》にひきずりこもうとした。

一五九一年　◎肥後《ひご》の国《くに》（熊本県《くまもとけん》）の加藤清正《かとうきよまさ》のけらいが河童《かっぱ》に殺《ころ》された。そこで、清正《きよまさ》は河童《かっぱ》たいじを命令《めいれい》したが、河童《かっぱ》のほうであやまったので、ことがおさまる。

一五九六年　◎桃山城《ももやまじょう》の庭《にわ》に芭蕉《ばしょう》の精《せい》があらわれる。

愛知県岡崎市《あいちけんおかざきし》にでた有《ゆう》名な化《ば》けねこ。

▶江戸時代《えどじだい》の初《はじ》めごろは、たぬきやきつね、ねこなどが化《ば》けたという話《はなし》が、とても多《おお》い。右《みぎ》の絵《え》は、たぬきが大入道《おおにゅうどう》のろくろ首《くび》に化《ば》けてあらわれたもの。

江戸時代《えどじだい》・初期《しょき》（1600年代）

時代	
年代	妖怪出現の記録
一六〇九年	◉徳川家康《とくがわいえやす》のすんでいた駿府城《すんぷじょう》の庭《にわ》に、全身《ぜんしん》が肉《にく》だんごのような姿《すがた》をした小人《こびと》の妖怪《ようかい》がでた。これを肉人《にくびと》と名《な》づけた。
一六二四年	◉岡山県《おかやまけん》に、ものをいう黒犬《くろいぬ》があらわれ次《つぎ》つぎと予言《よげん》をしてあるいた。
一六四〇年	◉大分県《おおいたけん》の日田村《にったむら》で河童《かっぱ》がつかまった。
一六四一年	◉福島県《ふくしまけん》にある若松城《わかまつじょう》の家老《かろう》・堀部主膳《ほりべしゅぜん》が城《しろ》の主《ぬし》である化《ば》けがめにのろい殺《ころ》された。
一六七四年	◉東京《とうきょう》の渋谷《しぶや》ふきんにあった丹波守《たんばのかみ》の屋《や》敷《しき》に、怪猫《かいびょう》がでた。この化《ば》け猫《ねこ》は次《つぎ》つぎと人間《にんげん》を殺《ころ》し、有名《ゆうめい》な鍋島猫騒動《なべしまねこそうどう》となった。
一六八一年	◉越後《えちご》の国《くに》（新潟県《にいがたけん》）の桑取谷《くわとりたに》という森《もり》の中《なか》で、ひひがつかまる。大《おお》きさ二メートル、牙《きば》の長《なが》さ二十四センチ、赤黒《あかぐろ》い毛《け》の……

◀このころ、きつねの嫁入《よめい》りといって、きつねが美《うつく》しい女性《じょせい》に化《ば》けた話《はなし》が、数多《かずおお》くあった。

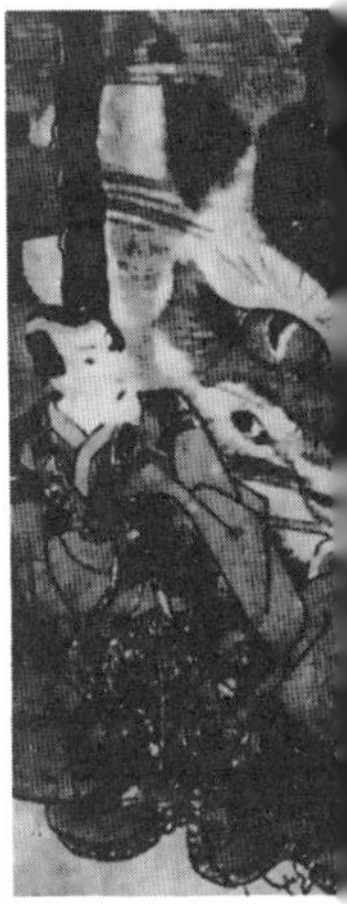

◎奈良県の村に源五郎と名のる作にきつねがでた。ふしぎなことに百姓《ひゃくしょう》の手伝《てつだ》いをして二人《にん》まえの働《はたら》きをし、飛脚《ひきゃく》をたのむと、二十日間《かかん》かかるところを七日間《かかん》で往復《おうふく》したという。

一六九八年

◎越後《えちご》の国《くに》に雷獣《らいじゅう》があらわれた。

江戸時代《えどじだい》・中期《ちゅうき》(1700年代)

一七〇二年

◎千葉県勝浦《ちばけんかつうら》の観音堂《かんのんどう》の下《した》の地下《ちか》から、大《おお》きさ二メートルもの大髑髏《おおどくろ》が二つでてきた。

一七一〇年

◎京都《きょうと》の上空《じょうくう》に、くさくてたえられないようなにおいをはなった奇妙《きみょう》なジュコー虫《ちゅう》の大群《たいぐん》がおしよせる。

◎愛知県《あいちけん》の吉田村《よしだむら》に大入道《おおにゅうどう》があらわれ、これを見《み》た人《ひと》は高熱《こうねつ》で死《し》んだ。

一七一六年

◎神奈川県金沢村《かながわけんかなざわむら》で河童《かっぱ》のミイラ発見《はっけん》。

一七二六年

◎子供《こども》に化《ば》けたかわうそが徳島県《とくしまけん》にでる。

一七三四年

◎大阪《おおさか》の海上《かいじょう》に海坊主《うみぼうず》があらわれる。

一七四五年

◎江戸《えど》の王子《おうじ》できつねの嫁入《よめい》りがあった。

▶死体《したい》を食《く》うという魍魎《もうりょう》や邪魅《じゃみ》は、いろいろな妖怪変化《ようかいへんげ》をつくりだす妖怪《ようかい》の代表《だいひょう》だった。

時代	年代	妖怪出現の記録
江戸時代《えどじだい》・中期《ちゅうき》(1700年代)	一七六二年	◉静岡県《しずおかけん》の金谷村《かなやむら》で宮守《やもり》の妖怪《ようかい》があらわれ、刀《かたな》や槍《やり》でさしても死《し》ななかった。
	一七六五年	◉京都《きょうと》の五条《ごじょう》に火車《かしゃ》があらわれ、その火《ひ》で大《おお》やけどをおう人《ひと》がでる。
	一七八一年	◉仙台《せんだい》の伊達家《だてけ》の庭《にわ》で河童《かっぱ》がつかまり、殺《ころ》されて死体《したい》を塩《しお》づけにされる。
	一七八四年	◉鎌倉《かまくら》の建長寺《けんちょうじ》の古《ふる》だぬきが、僧侶《そうりょ》に化《ば》けたまま全国《ぜんこく》をあんぎゃする。
	一七九一年	◉山梨県《やまなしけん》の切石村《きりいしむら》で、人間《にんげん》のことばをしゃべる馬《うま》が評判《ひょうばん》となった。
	一七九六年	◉栃木県《とちぎけん》の村《むら》に人食《ひとく》いねこがあらわる。
	一八〇〇年	◉江戸《えど》の吉原《よしわら》で、俳句師《はいくし》の一音《いちおん》という人《ひと》が、ろくろ首《くび》の女《おんな》に出《で》あった。
	一八一四年	◉このころ江戸《えど》の町《まち》をさまよう狂女《きょうじょ》があらわれ、二十年間《かん》すこしも歳《とし》をとらなかった。

◀江戸時代《えどじだい》の後期《こうき》には、四谷怪談《よつやかいだん》などの芝居《しばい》がブームになり、ろくろ首《くび》や大入道《おおにゅうどう》などの見世物《みせもの》や、お化《ば》け屋敷《やしき》がさかんになった。

江戸時代《えどじだい》・後期《こうき》（1800年代）

さらわれて帰《かえ》ってきたという万屋満《よろずやまん》右衛門《えもん》が大《おお》きな話題《わだい》になった。

一八一三年

◉鎌倉《かまくら》で、ガマが自分《じぶん》で地面《じめん》に穴《あな》をほり、夜中《よなか》になると人魂《ひとだま》に化《か》して空《そら》を飛《と》ぶ。

一八一六年

◉名古屋《なごや》の掘川橋《ほりかわばし》で、かわうそが捕《つかま》る。

一八一八年

◉江戸《えど》の麻布町《あざぶちょう》にあった堀田屋敷《ほったやしき》に、犬《いぬ》よりも大《おお》きく尾《お》が二つあるねこまたがあらわれた。

◉神奈川県《かながわけん》の海岸《かいがん》に、鳳《ほう》そう魚《ぎょ》というふしぎな魚《さかな》がみつかる。馬《うま》のような顔《かお》に黒《くろ》い髪《かみ》の毛《け》がふさふさとはえ、目《め》はガラス玉《だま》のように光《ひか》った。胴体《どうたい》は金色《きんいろ》のうろこをした魚《さかな》で、一本の手《て》がついていた。

一八四一年

◉世《よ》なおし河童《かっぱ》が江戸《えど》にあらわれ、徳川《とくがわ》家《け》の政治《せいじ》のやりかたをひなんした。

一八六五年

◉福島県《ふくしまけん》の建福寺《けんぷくじ》に、人間《にんげん》の生血《いきち》をすう白《しろ》い蛇《へび》がでて、多《おお》くの人《ひと》が死《し》んだ。

▼明治《めいじ》になると，妖怪《ようかい》や幽霊《ゆうれい》を科学《かがく》的《てき》に正体《しょうたい》をみとどけようという考《かんが》えが広《ひろ》まった。井上円了博士《いのうええんりょうはかせ》は，幽霊《ゆうれい》は，下の図《ず》のように，目《め》の錯覚《さっかく》によっておこるものと説明《せつめい》している。

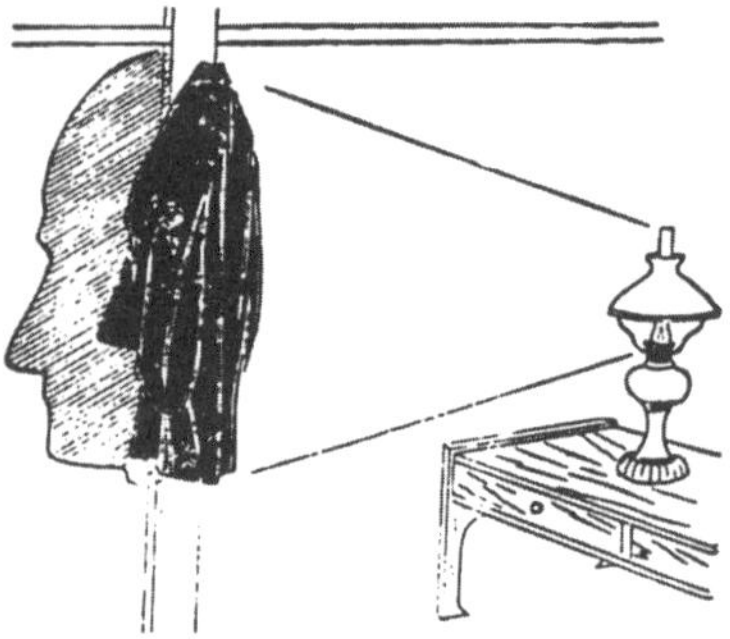

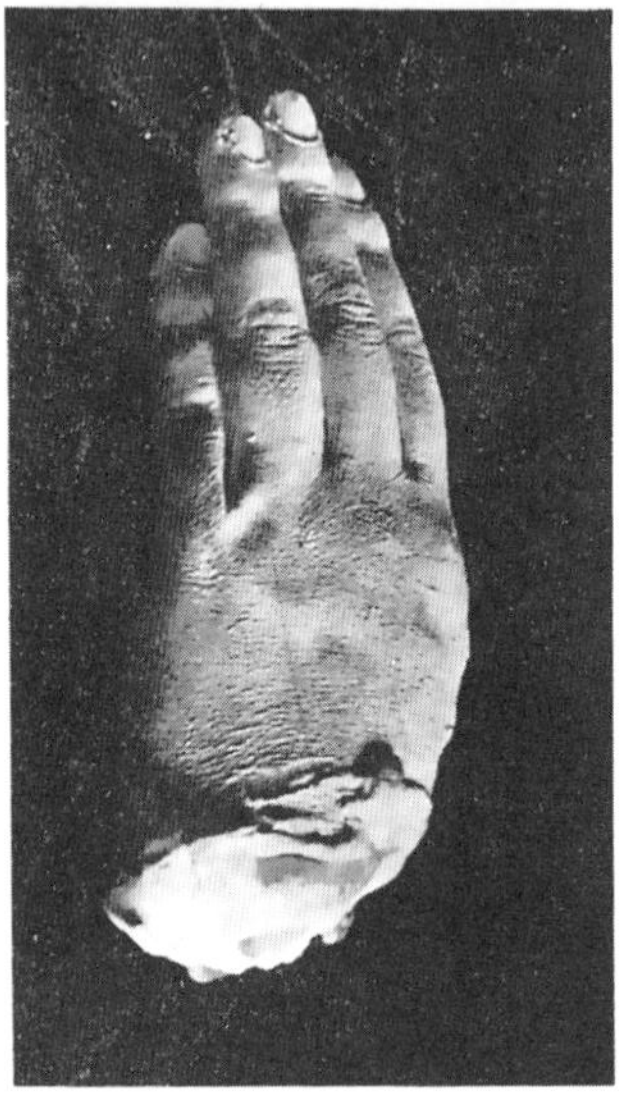

◀幽霊《ゆうれい》の手《て》をロウで型《かた》どったもの

明治《めいじ》・大正時代《たいしょうじだい》(1868年より1926年まで)

時代	
年代	妖怪出現の記録
一八七二年	◎滋賀県《しがけん》の伊吹山《いぶきやま》に、五色《ごしき》の光《ひかり》につつまれた大入道《おおにゅうどう》があらわれた。
一八七四年	◎東京《とうきょう》の本郷《ほんごう》三丁目の鈴木家《すずきけ》で、かみきりが便所《べんじょ》に出《で》た。女中《じょちゅう》のぎんという人は、髪《かみ》を切《き》られてまるぼうずにされた。
一八七五年	◎神戸《こうべ》に人間《にんげん》の内臓《ないぞう》を食《く》う宮守《やもり》がでる。
一八七八年	◎山形県《やまがたけん》の米沢《よねざわ》で、身長《しんちょう》五〇センチほどの全身《ぜんしん》が毛《け》だらけ手足《てあし》八本のクモ男《おとこ》がでた。
一八九〇年	◎東京《とうきょう》の三田《みた》にある宮地家《みやちけ》では、夜《よる》になると火《ひ》ばちやたんすなどの家具類《かぐるい》が、ひとりでに空中《くうちゅう》にうかびあがり、ガタガタとさわがしい音《おと》をたてた。
一九〇七年	◎東京《とうきょう》の王子《おうじ》で、三つ目小僧《めこぞう》がでた。
一九一三年	◎群馬県前橋市《ぐんまけんまえばしし》に近《ちか》い岩神村《いわかみむら》で、目《め》がタテにつき、尾《お》が二つある土竜《つちりゅう》を発見《はっけん》。

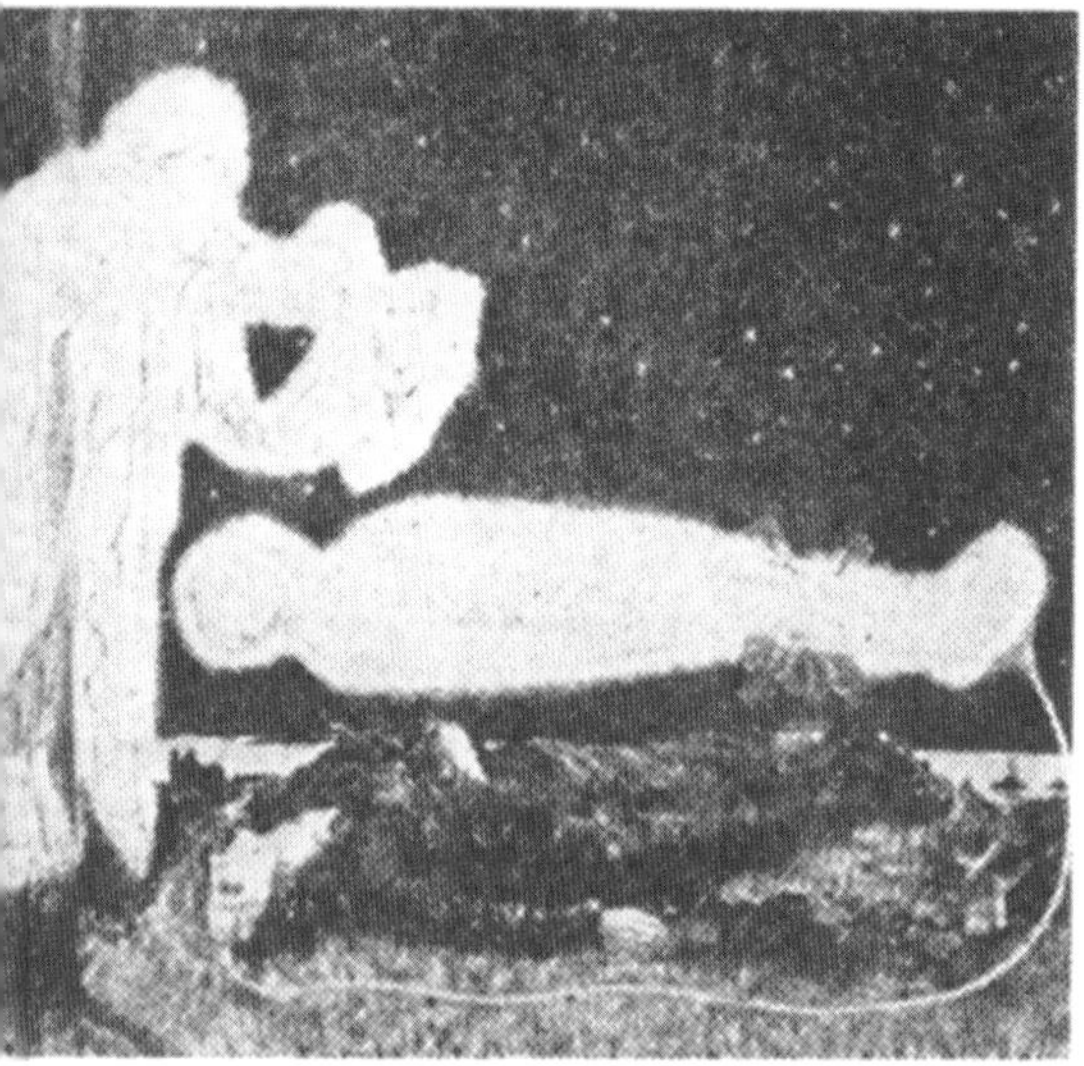

◀しかし，現代《げんだい》では霊魂《れいこん》の正《しょう》
はまだわからないとして，左《ひだり》
写真《しゃしん》のように人間《にんげん》が死《し》ぬと魂《たまし》
死体《したい》からぬけていくという学《がく》
や心霊写真《しんれいしゃしん》(下《した》)の研究《けんきゅう》がすす
られている。

死人《しにん》の顔《かお》がうつった心霊写真《しんれいしゃしん》

一九一七年　◎滋賀県の安土で、二メートルもの全身《ぜんしん》が金色《きんいろ》という大蛇《だいじゃ》を捕《とら》えた。

昭《しょう》和《わ》時《じ》代《だい》(1926年より)

一九二八年　◎長崎県《ながさきけん》の佐世保市《させぼし》に近《ちか》い山口村《やまぐちむら》に、全身《ぜん》がどのようにもまがるクラゲ人間《にんげん》を発見《はっけん》。

一九二九年　◎東京《とうきょう》の小石川《いしかわ》で、耳《みみ》が六つもある三毛《みけ》ねこが、笑《わら》って人間《にんげん》をばかにした。

一九三〇年　◎高知県《こうちけん》の宿毛村《すくもむら》の海岸《かいがん》で、頭《あたま》が犬《いぬ》、顔《かお》は人間《にんげん》で尾《お》が人魚《にんぎょ》という怪魚《かいぎょ》を発見《はっけん》。

一九三一年　◎千葉県市川町《ちばけんいちかわちょう》で、左《ひだり》の目《め》が金色《きんいろ》、右《みぎ》の目《め》が銀色《ぎんいろ》という奇怪《きかい》な犬《いぬ》がみつかる。

一九四八年　◎鹿児島県《かごしまけん》の山中《さんちゅう》に、人間《にんげん》の顔《かお》にた一つ目《め》の妖怪《ようかい》さがりがあらわれた。

一九五二年　◎青森県《あおもりけん》の八甲田山中《はっこうださんちゅう》に狼男《おおかみおとこ》がでる。

一九七一年　◎広島県《ひろしまけん》の比婆山中《ひばさんちゅう》に、背《せ》たけ一・六メートル、逆三角形《ぎゃくさんかくけい》の頭《あたま》をした類人猿出現《るいじんえんしゅつげん》。

一九七一年　◎茨城県土浦市《いばらぎけんつちうらし》で、河童《かっぱ》のミイラの手《て》が発見《はっけん》された。

＊妖怪《ようかい》がこのむ場所《ばしょ》と時間《じかん》

妖怪《ようかい》は、なぜ夜《よる》をこのんであらわれるのだろうか。横井也有《よこいやゆう》という江戸時代《えどじだい》の人《ひと》が、あるとき幽霊《ゆうれい》に、こうたずねてみた。

「どうして夜《よる》にばかりでるのか」

「昼間《ひるま》は、子供《こども》がおもしろがってはやしたてるので、わずらわしい」

と答《こた》えたという。子供《こども》には、幽霊《ゆうれい》はおもしろくみえ、うしろめたいおとなには恐《おそ》ろしくみえるということらしい。

しかし、妖怪《ようかい》がでるのは四つの時間帯《じかんたい》があって、夜《よる》八時《じ》、夜《よる》十時《じ》半《はん》、夜中《よなか》の十二時《じ》、そしてうしみつどき（真夜中《まよなか》の午前《ごぜん》二時《じ》）となっている。魔力《まりょく》の強《つよ》いものほど早《はや》くから出現《しゅつげん》し、弱《よわ》いものは遅《おそ》くなってから出《で》るらしい。つまり、妖《よう》怪《かい》は夜気《やき》をすえばすうほど、だんだん魔力《まりょく》をそなえ、化《ば》ける超能力《ちょうのうりょく》が強《つよ》くなるからだ。

また、妖怪《ようかい》はホタルの光《ひかり》のように、暗《くら》くても人間《にんげん》に見《み》えるように、自分《じぶん》で特別《とくべつ》の光《ひかり》を発《はっ》しているが、太陽《たいよう》の光《ひかり》にあたると、その能力《のうりょく》を失《うし》なってしまうといわれている。

それに、妖怪《ようかい》は山《やま》や川《かわ》、海《うみ》や空《くう》中《ちゅう》、冷《つめ》たい雪《ゆき》とか地下《ちか》などにそれぞれすんでいるが、みんな自分《じぶん》の能力《のうりょく》をだしやすい場所《ばしょ》を選《えら》んでいるわけだ。それで、水《みず》には強《つよ》い妖《よう》怪《かい》・河童《かっぱ》なども、頭《あたま》のサラの水《みず》がなくなると、たちまち魔力《まりょく》を失《うし》なってしまうのだ。

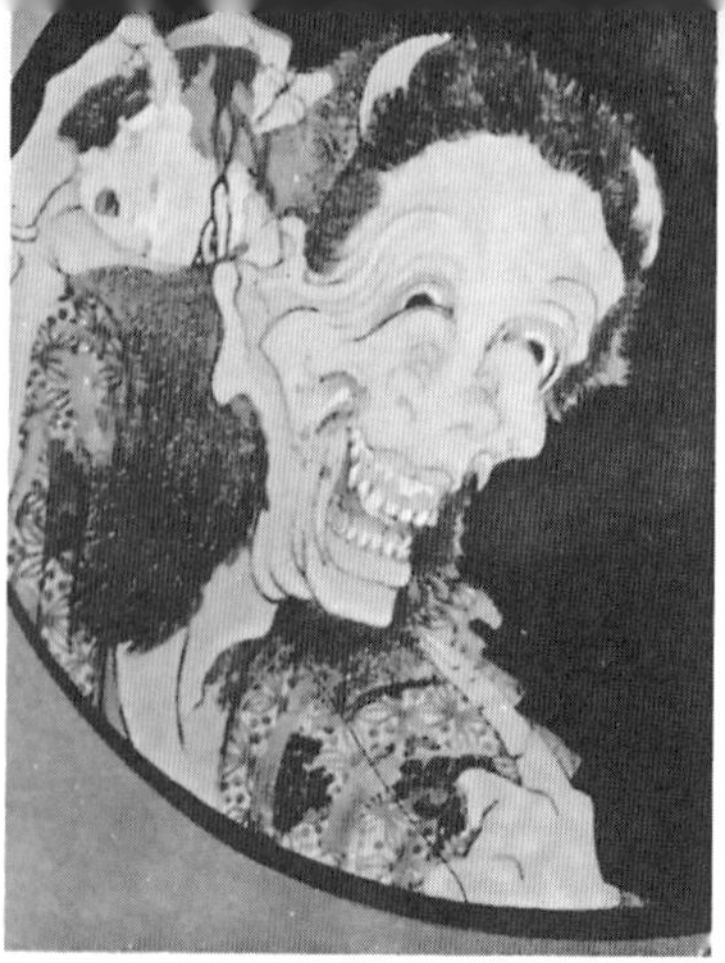

▶妖怪《ようかい》〝笑《わら》いはんにゃ〟は、とくに

5 百鬼妖魔*

妖怪《ようかい》のなかには、まったく姿《すがた》を見《み》せないものや形《かたち》のきまらないものなど、まさに千変万化《せんぺんばんか》である。

また、妖怪《ようかい》は悪《わる》いことをするとはかぎらず、人間《にんげん》にとって役《やく》に立《た》つものもいる。ここでは変《か》わった妖怪《ようかい》を見《み》てみよう。

▲真夜中《まよなか》すぎになると妖怪《ようかい》がむれあつまる。

ほうこう

山《やま》ふかい森《もり》には、なん百年《ねん》もたった古《ふる》い木《き》がある。そんな木《き》には、ふしぎな妖精《ようせい》がとりついて恐《おそ》ろしい妖獣《ようじゅう》・ほうこうを、うみだすのだ。木《き》を切《き》ろうとする人《ひと》は、たちまちこの妖獣《ようじゅう》におそわれ口《くち》からはく紫色《むらさきいろ》のけむりで全身《ぜんしん》をとかされるという。

首《くび》かじり

秋《あき》のひがん（九月《がつ》二十日《か》～二十七日《にち》）のころ、夜《よる》二時《じ》すぎになって、ふと血《ち》なまぐさいにおいがただようことがある。
なま首《くび》をかじった、恐《おそ》ろしい幽霊《ゆうれい》・首《くび》かじりが、たらーりと血《ち》をたらして、あ

「うらめしや……わたしの首《くび》はどこへいったのだ。みつからぬうちは、いつまでも墓《はか》あらしをするぞよ」という声《こえ》。

首《くび》なし死体《したい》で墓《はか》にうめられた人《ひと》の幽霊《ゆうれい》が、首《くび》かじりなのだ。自分《じぶん》の首《くび》をさがし

▼江戸時代《えどじだい》、いまの滋賀県《しがけん》によくあらわれたという片輪車《かたわぐるま》は、へりくつばかりいって泣《な》きわめく子《こ》を地獄《じごく》へつれて行《い》くという。

＊片《かた》輪《わ》車《ぐるま》

　夜《よる》おそく、人《ひと》びとが寝《ね》しずまったころになると、表通《おもてどお》りをガラガラと車《くるま》のきしる音《おと》がする。いつまでも夜《よる》ねむらないで、泣《な》いている子《こ》どもや赤《あか》んぼうをさらって行《い》く妖《よう》怪《かい》〈片輪車《かたわぐるま》〉が、あらわれたのだ。

　ところが、そんなこととは知《し》らないある人《ひと》が、なんの音《おと》だろうと戸《と》をあけてみるとものすごい火《ひ》につつまれた片輪《かたわ》だけの車《くるま》に美《うつく》しい女《おんな》の人《ひと》がのって走《はし》って行《い》く……。

　そして、家《いえ》の中《なか》へもどると、自分《じぶん》の子《こ》どもが、いつのまにか姿《すがた》を消《け》していたのだ。妖怪《ようかい》・片輪車《かたわぐるま》のことを知《し》ったその人《ひと》は、「私《わたし》の子《こ》は、泣《な》いてなどいなかったのに、どうしてさらったのだ」となげいているとまもなく子《こ》どもが帰《かえ》ってきたという。

おんもら鬼《き》

さびしい森《もり》や野原《のはら》で道《みち》にまよい，たべるものもなくなって，人知《ひとし》れず死《し》んでしまった人《ひと》の魂《たましい》が，おんもら鬼《き》になった。だから，うっかりそんな森《もり》や野原《のはら》へはいりこむと，ギャッギャッとぶきみに鳴《な》くおんもら鬼《き》が，口《くち》から火《ひ》を吹《ふ》いて，食物《しょくもつ》をさらって行《い》ってしまうのだ。

ISHi

ものの化《け》

どんなものでも，だんだん古《ふる》くなるほど魂《たましい》がやどって，夜中《よなか》に動きだすという。そして，古《ふる》いものをそまつにした人《ひと》のところへ，ふくしゅうにくるといわれる。

蛇帯《じゃたい》

古《ふる》くなった帯《おび》がヘビになって、人間《にんげん》の首《くび》をしめて殺《ころ》すことがある。

笈《おい》の化物《ばけもの》

昔《むかし》、山伏《やまぶし》が背《せ》おって使《つか》った笈《おい》という荷物《にもつ》いれには、死霊《しりょう》がとりついて妖怪《ようかい》になった。

一本《ぽん》足《あし》のから傘《かさ》

やぶれてしまったからかさは、だれでも、じゃまものとばかりすててしまうもの。そこで、うらみにおもったからかさが妖怪《ようかい》となって人間《にんげん》をおどろかしたといわれる。

小《こ》そでの手《て》

長《なが》く使《つか》った着物《きもの》には、まるで生《い》きもののように手《て》がでてきて持《も》ちぬしに、とてもじょうずにきせてくれるという。

お化《ば》けちょうちん

すすけて、やぶれたままにしておいた古《ふる》いちょうちんに火《ひ》をともすと、幽霊《ゆうれい》をうつしだして、びっくりすることがある。

すずりの魂《たましい》

百年《ねん》以《い》上《じょう》も使《つか》ったすずりで書《か》くと、すばらしい字《じ》がかけるという。

目目連《もくもくれん》

やぶれて古《ふる》くなったしょうじをほうっておくと、夜中《よなか》ににらまれて気《き》ちがいにされる。

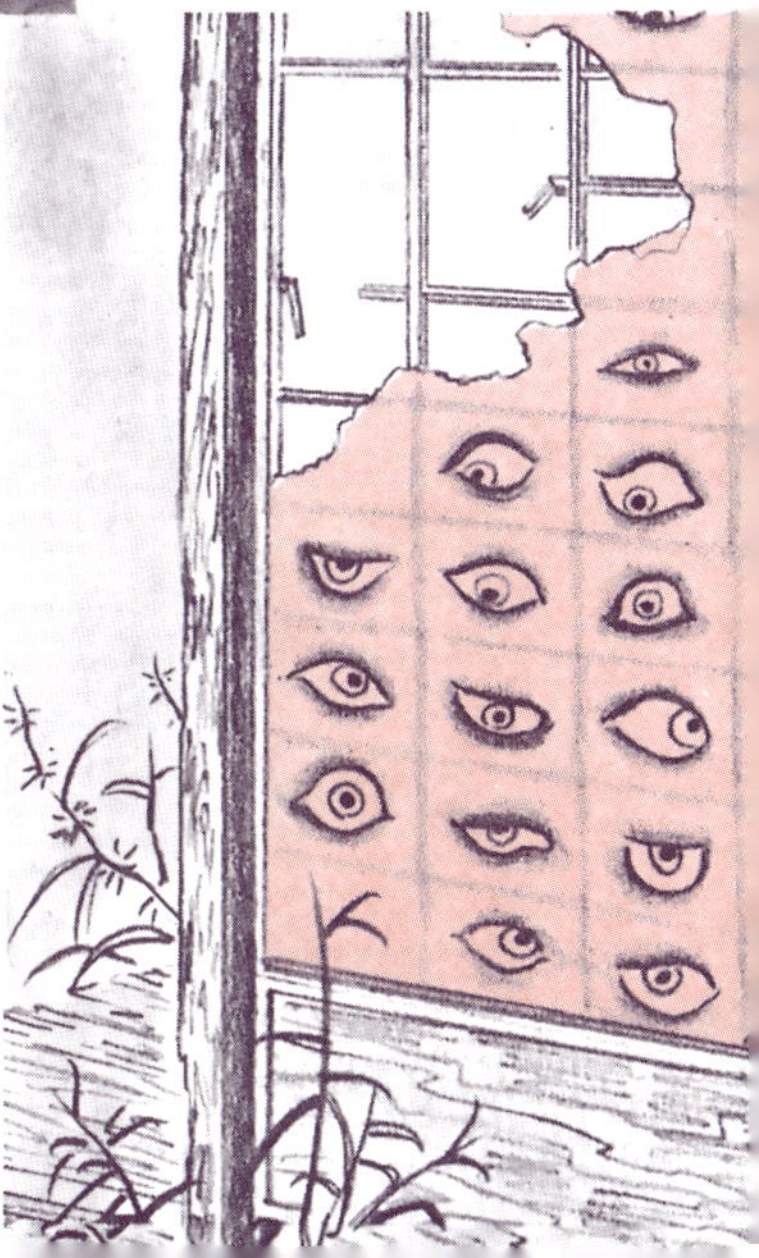

火《か》　車《しゃ》

火車《かしゃ》は、悪事《あくじ》をかさねた人《ひと》をむかえにくる地獄《じごく》の使者《ししゃ》だ。夜《よる》になると墓地《ぼち》をうろついて死体《したい》をほりだし、心臓《しんぞう》をむしりとってたべるのだ。そして、もえる火《ひ》の車《くるま》にその死体《したい》をのせ、悪人《あくにん》の家《いえ》に投《な》げおとして行《い》くという。

江戸時代《えどじだい》には、いまの東京《とうきょう》の浅草《あさくさ》にあらわれ、心臓《しんぞう》をえぐりとった死体《したい》が投《な》げおろされた家《いえ》には、その日《ひ》のうちに新《あたら》しい死人《しにん》がでたといわれる。

火《ひ》の妖怪《ようかい》

つるべ火《び》

木《き》の枝《えだ》から、とつぜんぶらさがってもえる火《ひ》で、木《き》の妖精《ようせい》があやつっている。

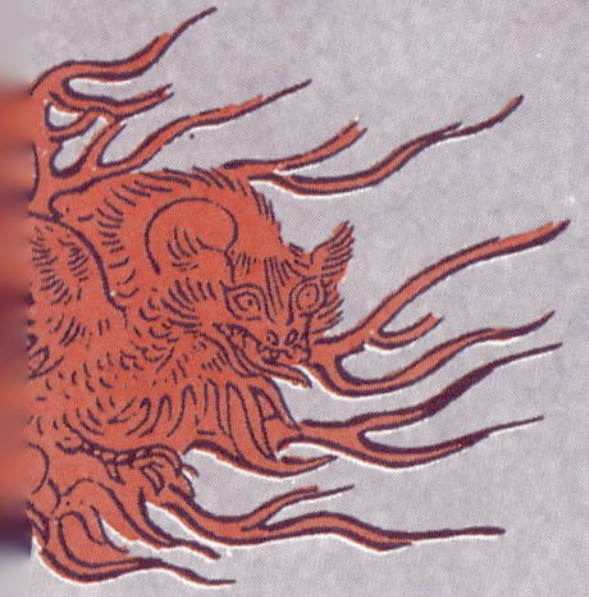

ふらり火《び》

墓《はか》もたてたてもらえなかった死人《しにん》の魂《たましい》が，ふらふらともえてさまよう火《ひ》。

うばが火《び》

じゃまになったからと山《やま》にすてられて死《し》んだ老婆《ろうば》のうらみが、もやす火《ひ》。

不知火《しらぬい》

夜《よる》の海《うみ》になん百《びゃく》という火《ひ》の玉《たま》が、ふわふわとゆれてもえるもの。

そうげん火《び》

あれはてた野原《のはら》で、ずっと昔《むかし》、死《し》んだ武士《ぶし》などのうらみが、恐《おそ》ろしい顔《かお》つきの姿《すがた》でもえあがる火《ひ》。

みの火《び》

雨《あめ》のふる夜《よ》、農家《のうか》の人が着ている〈みの〉にまとわりついてもえる火《ひ》。

ぬえ

平安時代《へいあんじだい》のこと。いまから八百年《ねん》ほどまえには、妖怪《ようかい》・ぬえが、さかんに京都《きょうと》にあらわれた。

この妖怪《ようかい》は、頭《あたま》はサルでからだはトラ、しっぽがヘビというおそろしいすがたをしていた。ふつうは山《やま》の奥にすんでいて、鳥《とり》や動物《どうぶつ》のたましいをたべているので、百年以上《ねんいじょう》も長《なが》生《い》きをする。そして人間《にんげん》の魂《たましい》を食《た》べると、さらに長生《なが い》きをするという。

源三位頼政《げんさんみよりまさ》という武士《ぶし》は、この妖怪《ようかい》を弓矢《ゆみや》で射《い》てたいじした。

はらだし

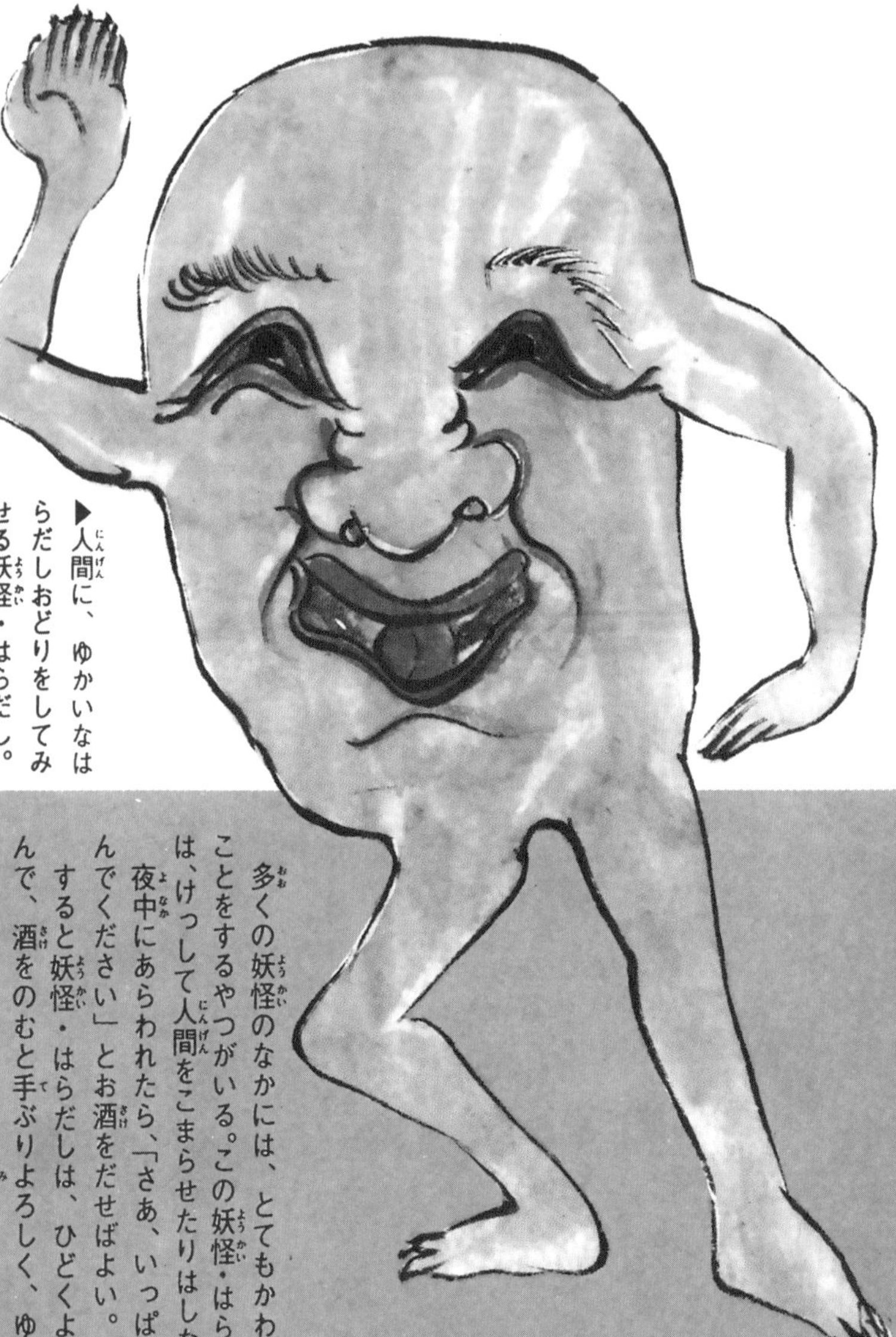

▶人間《にんげん》に、ゆかいなはらだしおどりをしてみせる妖怪《ようかい》・はらだし。

多《おお》くの妖怪《ようかい》のなかには、とてもかわったことをするやつがいる。この妖怪《ようかい》・はらだしは、けっして人間《にんげん》をこまらせたりはしない。

夜中《よなか》にあらわれたら、「さあ、いっぱいのんでください」とお酒《さけ》をだせばよい。

すると妖怪《ようかい》・はらだしは、ひどくよろこんで、酒《さけ》をのむと手《て》ぶりよろしく、ゆかいな〈はらだしおどり〉を見《み》せてくれる。そして、その人《ひと》にはきっとよいことがおこる。

＊すっぽん

カメとよくにた動物《どうぶつ》スッポンは、くいついたら最後《さいご》、首《くび》を切《き》られてもはなれない。それほど、しゅうねんぶかいのだ。

それで、殺《ころ》されたスッポンは、動物《どうぶつ》であっても、死《し》んでからまた幽霊《ゆうれい》になってでるという。スッポンを百ぴきも殺《ころ》したある人《ひと》は、なんと大《おお》きさ九メートルもの、スッポン幽霊《ゆうれい》にのろい殺《ころ》され、その奥《おく》さんが生《う》んだ子《こ》は、スッポンそっくりだったという。

▼これは，頭《あたま》がおなかほど大《おお》きい女《おんな》の妖怪《ようかい》ではらだしの仲間《なかま》。

大《おお》　首《くび》

どろりと黒《くろ》くにごった，ぶきみな沼《ぬま》。そんな沼《ぬま》には，そこで死《し》んだ人《ひと》たちのうらみが集《あつ》まって，恐《おそ》ろしい妖怪《ようかい》・大首《おおくび》となってあらわれるのだ。

とつぜん，沼《ぬま》の水面《すいめん》がざわざわとゆれ動《うご》くや，顔《かお》の大《おお》きさ3メートルもの大首《おおくび》が，水中《すいちゅう》からぬっとでてくる。そして，大首《おおくび》は空中《くうちゅう》にうかびあがると，長《なが》い髪《かみ》をぶきみにのばしてくるのだ。それにふれた人《ひと》は，たちまち気《き》が狂《くる》うという。

＊舞《まい》首《くび》

夜《よる》の海《うみ》で、火《ひ》をはく風車《かざぐるま》のようなものが、ものすごい勢《いきお》いでぐるぐるとまわっていることがある、そして、大声《おおごえ》でどなりちらす声《こえ》がきこえてくるのだ。

「おまえが、悪《わる》いのだぞ！」

「いや、おまえこそ悪《わる》いやつだ！」

「やはり、きさまが裏切《うらぎ》ったのだ！」

これは三人組《ぐみ》の悪人《あくにん》が、おたがいに罪《つみ》をなすりあって殺《ころ》しあい、死《し》んでもなお三人が争《あらそ》う生首《なまくび》の妖怪《ようかい》だ。しかし、おもしろがってからかうと、急《きゅう》に三人の生首《なまくび》が協力《きょうりょく》しておそいかかってくるという。

どろた坊《ぼう》

水田《すいでん》のどろで足《あし》がぬけないことがある。
どろた坊《ぼう》が足《あし》をひっぱっているからだ。
長《なが》い間《あいだ》、水田《すいでん》に水《みず》をやらないと、家《いえ》の中《なか》
までやってきて、どろだらけにされる。

＊あかなめ

あかなめは、ちょっとへんなことをする妖《よう》
怪《かい》だ。夜中《よなか》に人《ひと》がねてしまうと、こっそりお

＊こくり

妖怪《ようかい》・こくりは、まるで、鬼婆《おにばば》のように恐《おそ》
ろしくて、ものすごい欲《よく》ばりだ。暗《くら》い屋根裏《やねうら》
古《ふる》い土蔵《どぞう》の中《なか》にこっそりとかくれている

りついたあかをペロリペロリとなめるのだ。

また、病気《びょうき》で長《なが》い間苦《あいだくる》しんでねている人《ひと》のあかを、きれいになめおとしてくれるという。

「あかなめさん、きっとまた来《き》てね」

といわないと、二度とはあらわれてくれない、礼儀《れいぎ》もわきまえためずらしい妖怪《ようかい》だ。

が、夜になると仏壇にあげておいたくだものやおかしをぬすんでたべる。それでも、たりなくて外《そと》へ出《で》ては、うどん屋《や》とかラーメン屋《や》さんのものまでかすめとる。お寺《てら》や神社《じんじゃ》のおさいせんまで盗《ぬす》み、お葬式《そうしき》があればカンオケの中《なか》にもぐりこむ。いま死《し》んだばかりの死人《しにん》の皮《かわ》を、鋭《するど》いツメでバリバリッとはいで、むしゃむしゃとたべてしまうのだ。

さがり

昔《むかし》から岡山県《おかやまけん》によくでた妖怪《ようかい》だ。森《もり》の中《なか》や道ばたの木《き》の枝《えだ》から，急《きゅう》にぶらりとさがって，人《ひと》をおどろかせたという。

ISHi

ぬらりひょん

年《とし》のくれになると、どこからともなくあらわれる妖怪《ようかい》だ。大《おお》そうじなどでとてもいそがしいのに、家《いえ》の中《なか》にはいりこんで、どっかりとすわりこむ。

どけようとしても、ぬらりくらりとして、つかまえようのないへんな妖怪《ようかい》。

＊いやや

その昔《むかし》、長崎県《ながさきけん》のある村《むら》にこの世《よ》の人《ひと》とは思《おも》われぬほど美《うつく》しい娘《むすめ》がいた。そのうわさをきいた若《わか》い男《おとこ》たちが、次《つぎ》つぎと結婚《けっこん》をもうし

＊ほうそうし

夜中《よなか》に子供《こども》がねむっているへやにしのびこんでくる妖怪《ようかい》。二本の角《つの》と六つの目《め》をもち、右手《みぎて》には剣《けん》をかまえている。

すばかり。娘《むすめ》は自分《じぶん》の美《うつく》しさをハナにかけていたのだ。ところが、ある夜《よる》のこと恐《おそ》ろしい鬼《おに》があらわれて「このわしと結婚《けっこん》しないなら、いますぐにもひきさいてたべるぞ」といったので、娘《むすめ》は「結婚《けっこん》します」と答《こた》えた。

すると鬼《おに》は「みにくい鬼《おに》と結婚《けっこん》するくらいなら、なぜ人間《にんげん》と結婚《けっこん》しないのだ」といって、娘《むすめ》の顔《かお》をみにくく変《か》えてしまったという。

た　病気にかかるのが恐ろしいか　恐ろしくないか。どんな病気《びょうき》でも、がまんできるか」と子どもにささやくのだ。病気《びょうき》がこわくないといえば、たちまち姿《すがた》を消《け》すが、病気《びょうき》が恐《おそ》ろしいと答《こた》えると、剣《けん》でさんざん切《き》りつける。その傷口《きずぐち》はどろどろにくさるという。

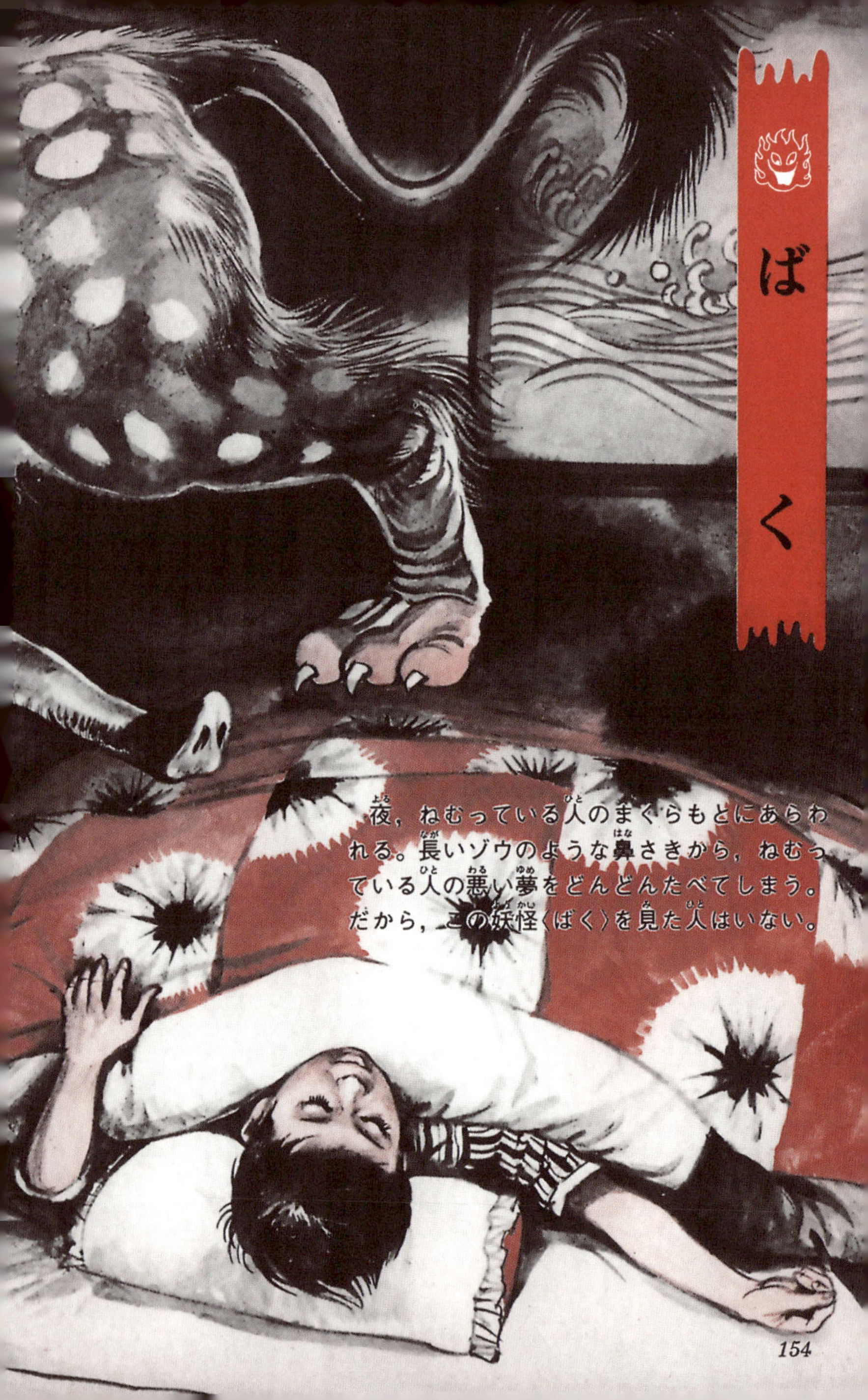

ばく

夜《よる》，ねむっている人《ひと》のまくらもとにあらわれる。長《なが》いゾウのような鼻《はな》さきから，ねむっている人《ひと》の悪《わる》い夢《ゆめ》をどんどんたべてしまう。だから，この妖怪《かい》〈ばく〉を見《み》た人《ひと》はいない。

ISHi

さとり

その昔《むかし》、岐阜県《ぎふけん》の山奥《やまおく》にすんでいたゴリラのような妖怪《ようかい》。頭《あたま》の上《うえ》から足《あし》のさきまで、まっ黒《くろ》い長《なが》い毛《け》がふさふさとはえていた。

ところが、人間《にんげん》にはちっとも害《がい》を加《くわ》えないどころか、人間《にんげん》の心《こころ》をすべてよみとってしまうという超《ちょう》能力《のうりょく》をもっていた。

「ああ、おなかがすいたな…」

と思《おも》っていると、のっそりとあらわれでた妖怪《ようかい》・さとりが、あけびや山《やま》ぶどうをいっぱい手《て》にもってどさりと投《な》げだすのだ。しかし、さとりを殺《ころ》そうとした猟師《りょうし》は、反《はん》対《たい》に殺《ころ》されてしまったという。

＊血塊《けっかい》

ねこほどの大《おお》きさで、からだの色《いろ》は灰色《はいいろ》。夜《よる》になると、ねむっている人間《にんげん》におそいかか

＊おぼろ車《ぐるま》

まるで四次元《じげん》の世界《せかい》からあらわれたようなふしぎな車《くるま》だ。一瞬《いっしゅん》、つむじ風《かぜ》がまきおこる

んなたべてしまう恐《おそ》ろしい妖怪《ようかい》だ。

　人間《にんげん》の血《ち》だけで育《そだ》った妖怪《ようかい》なので、血塊《けっかい》と名《な》づけられたが、赤《あか》と白《しろ》の舌《した》が二枚《まい》ついていた。赤《あか》いほうの舌《した》で血《ち》をあじわい、白《しろ》いほうの舌《した》で人間《にんげん》の脳《のう》みそをすするのだという。にんにくを身《み》につけておくと、おそわれない。

▼明治時代《めいじじだい》には，この血塊《けっかい》がよく見世物《みせもの》にされて人々《ひとびと》をおどろかしたが，じつは東南《とうなん》アジア産《さん》の夜《よ》ザルだった。

　弓矢《ゆみや》でうち、剣《けん》で切《き》りつけ、鉄砲《てっぽう》でうっても、みんなスイスイと通《とお》りぬけてしまう。そして、音《おと》もたてずに地面《じめん》を走《はし》ったり空《そら》を飛《と》んだりするのだ。光《ひかり》をあてれば影絵《かげえ》となり、水《みず》をかければカガミのような車《くるま》となり、火《ひ》を近《ちか》づければものすごい炎《ほのお》の車《くるま》となった。あまりいたずらがすぎると、ついに鬼《おに》の顔《かお》があらわれ、人間《にんげん》はあっというまに鬼《おに》の口《くち》の中《なか》へすいこまれて、煙《けむり》のようにとかされるという。

いんね火《ひ》

さびしい沼《ぬま》や川《かわ》に，人間《にんげん》のような形《かたち》をした，ぶきみな火《ひ》がもえることがある。これは，愛《あい》しあった男女《だんじょ》が，その沼《ぬま》などで自殺《じさつ》して死《し》んだうらみの火《ひ》だという。

二面相《にめんそう》の妖怪《ようかい》

＊二口女《ふたくちおんな》

いまから五百年《ねん》ほど昔《むかし》のこと。島根県《しまねけん》の出雲地方《いずもちほう》に、とてもくいしんぼうな娘《むすめ》がいた。食《た》べ物《もの》のにおいをどこからでもかぎつけ、人《ひと》がねしずまってから、こっそりと一人《り》でたべてしまった。

そして、とうとう他人《たにん》の家《いえ》にまで夜中《よなか》にしのびこみ、赤《あか》ちゃんのためにとっておいたものまで盗《ぬす》んだ。

しかし、娘《むすめ》はとても美《うつく》しかったので、だれ一人《り》として、そんな盗《ぬす》みをはたらくひどいくいしんぼうだとは思《おも》ってもみなかった。すると、娘《むすめ》はそれをよいことにますます遠《とお》くの村《むら》にまで出《で》かけて、食《た》べ物《もの》を盗《ぬす》んであるいた。ところが、ある日。娘《むすめ》のまえに仙人《せんにん》があらわれていった。

「娘《むすめ》よ。そんなにたべて、おなかをこわ

＊二《に》面《めん》女《おんな》

二面女《にめんおんな》は、まるで天女《てんにょ》のような美《うつく》しい顔《かお》をしている。ところが、うしろをふりむくと、おそろしくみにくい顔《かお》が、もう一つある。ハナのところからは、長《なが》いほそい手《て》がぶらりとさがっているのだ。

ところが、この二面女《にめんおんな》と出《で》あったら、けっしてにげたりしてはいけない。もうひとつのおそろしい顔《かお》を見《み》てしまっても、だまって二《に》面《めん》女《おんな》のそばにいることだ。ほんとうは、二面《にめん》

▼うしろの口《くち》でも、ものをたべる二口女《ふたくちおんな》

れば、もう一つ口《くち》がほしいほどです」
娘《むすめ》が答《こた》えたとたん、娘《むすめ》の頭《あたま》のうしろには、もう一つの口《くち》がついたという。

面女《めんおんな》はやさしくかいほうしてくれるし、みにくいほうの顔《かお》についた長《なが》い手《て》で、妖怪《ようかい》とたたかってくれるからだ。

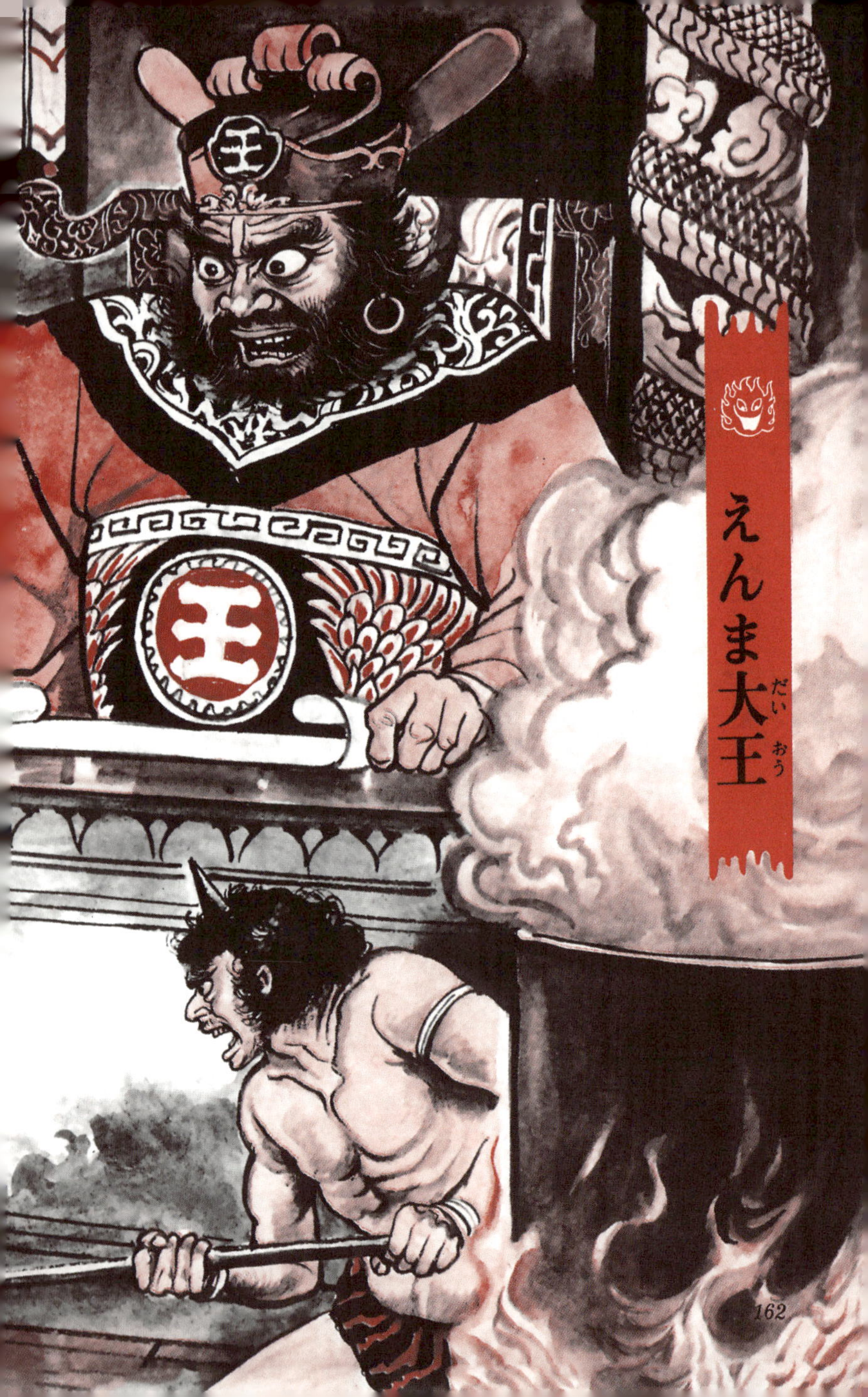
えんま大《だい》王《おう》

地獄《じごく》の国《くに》には、えんま大王《だいおう》や青鬼《あおおに》・赤鬼《あかおに》たちが住《す》んでいる。死《し》んで地獄《じごく》へやってきた人間《にんげん》の罪《つみ》をあばくために、えんま大王《だいおう》の地獄《じごく》の裁判《さいばん》をひらく。
もし、悪《わる》いことをした人《ひと》がウソをついても、このふしぎなカガミにほんとうのことがうつるので、たちまち鬼《おに》に舌《した》をひきぬかれてしまうのだ。
ISHI

餓《が》　鬼《き》

つまみ食《ぐ》いや盗《ぬす》み食《ぐ》いをした人《ひと》、食物《たべもの》をひどく高《たか》い値段《ねだん》で売《う》りつけて他人《たにん》を苦《くる》しめた人《ひと》、うえ死《じ》にしたコジキなどが、死《し》んでから餓鬼《がき》の亡者《もうじゃ》になるという。

餓鬼《がき》は、うえとかわきに苦《くる》しみ、どんなものにも手《て》をだし、死体《したい》の骨《ほね》までガリガリとたべる妖怪《ようかい》だ。たべてもたべてもやせおとろえていて、腹《はら》だけがものすごくふくらんでいる。この餓鬼《がき》にとりつかれると、その人《ひと》までが餓鬼《がき》のようになり手《て》あたりしだいに、なんでもむさぼり食《く》う人間《にんげん》となるのだ。それで、餓鬼《がき》にねらわれたときは、少《すこ》しの食物《たべもの》をあたえておき、そのスキにさっと逃《に》げることだ。

＊生《いき》霊《りょう》

生霊《いきりょう》とは、生《い》きている人《ひと》の魂《たましい》のことをいう。人間《にんげん》の分身《ぶんしん》のようなものだ。とくに、重《おも》い病気《びょうき》になって死《し》にそうなとき、人間《にんげん》の魂《たましい》がとびだして行って、肉親《にくしん》の人《ひと》や友《とも》だちのところへあらわれる。虫《むし》の知らせというのも、この生霊《いきりょう》がやってきて知《し》らせるのだといわれる。

また、呪《のろ》いの魔術《まじゅつ》によって、にくらしい相手《あいて》の人《ひと》を苦《くる》しめるという場合《ばあい》も、呪《のろ》いをかける人《ひと》の魂《たましい》が、生霊《いきりょう》となって相手《あいて》の人《ひと》を苦《くる》しめるのだという。

＊死《し》霊《りょう》

死霊《しりょう》とは、文字《もじ》どおり死《し》んだ人《ひと》の霊魂《れいこん》のことをいう。ふつうは幽霊《ゆうれい》のことをいうが、生霊《いきりょう》とちがうところは、魂《たましい》のおがないことだ。生霊《いきりょう》の場合《ばあい》は、人間《にんげん》と生霊《いきりょう》とは目《め》に見《み》えない糸《いと》のようなものでむすばれているが、死霊《しりょう》の場合《ばあい》はその糸《いと》のようなものがない。また、死霊《しりょう》はすべて幽《ゆう》霊《れい》になるとはかぎらず、多《おお》くの死霊《しりょう》が集《あつ》まって恐《おそ》ろしい妖怪《ようかい》になることもあるという。

植物《しょくぶつ》の妖怪《ようかい》

昆虫《こんちゅう》や動物《どうぶつ》にも魂《たましい》があるように，植物《しょくぶつ》にもふしぎな妖精《ようせい》や木霊《こだま》がやどっているという。とくになん百年《びゃくねん》もたった古《ふる》い木《き》や長生《ながい》きをしている植物《しょくぶつ》には，強《つよ》い魔力《まりょく》がそなわるという。

しかし，妖精《ようせい》や木霊《こだま》はとうめいなので，めったにその姿《すがた》を見《み》ることができない。

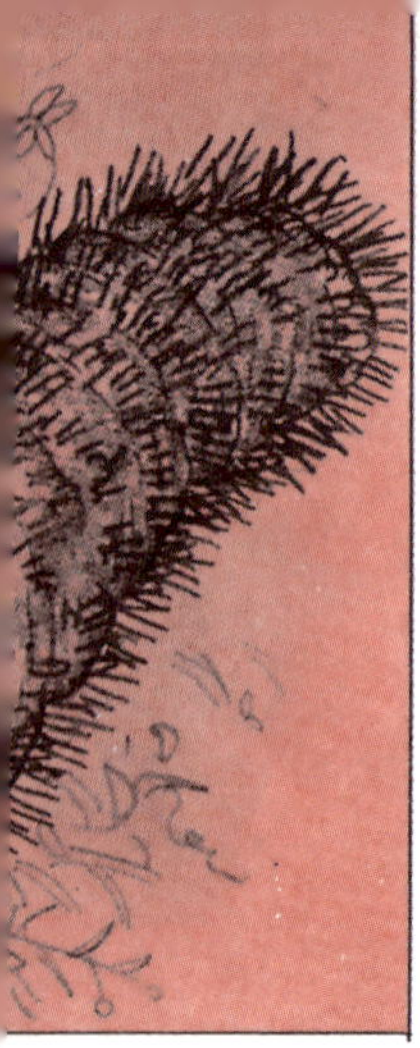

古《ふる》つばきの霊《れい》

◀古《ふる》いつばきには、人間《にんげん》を病気《びょうき》にさせる恐《おそ》ろしい霊《れい》があるという。だから病気《びょうき》の人《ひと》のお見《み》まいに、つばきの花《はな》をもって行《い》ってはいけない。

芭蕉《ばしょう》の精《せい》

▶芭蕉《ばしょう》にはふしぎな妖精《ようせい》がいて，キリのようなものをはいて人間《にんげん》をねむらせる。

野《の》づち

▶道《みち》ばたや野《の》原《はら》にはえている雑草《ざっそう》など、たくさんの草《くさ》の魂《たましい》が集《あつ》まって、野《の》づちという妖《よう》怪《かい》になる。ウサギや野《の》ネズミがつかまってとかされてしまうことがある。

逆柱《さかばしら》

▼家《いえ》を建《た》てるとき、柱《はしら》をさかさまにして建《た》てると、その家《いえ》に次《つぎ》つぎと悪《わる》いことがおきるという。

木霊《こだま》

▼なん百年《ひゃくねん》もたった老木《ろうぼく》には、みな魂《たましい》がやどっているという。古《ふる》い松《まつ》の木《き》などをたいせつにすると松《まつ》の木《き》の魂《たましい》がその家《いえ》によいことをはこんでくれるそうだ。

花《はな》の妖精《ようせい》

▲花《はな》には美《うつく》しい女《おんな》の人《ひと》の姿《すがた》をした妖精《ようせい》がいるので、たいせつにするとよい夢《ゆめ》を見《み》せてくれるという。

疫《やく》病《びょう》神《がみ》

疫病神《やくびょうがみ》は、恐《おそ》ろしい伝染病《でんせんびょう》をはこんでくる妖怪《ようかい》だ。ペストやセキリ、エキリなどをうつす妖怪《ようかい》が、それぞれ一人《り》ずつついて、みんな鬼《おに》のような姿《すがた》をしている。きたない川《かわ》や沼《ぬま》、ゴミためや便所《べんじょ》の中《なか》にかくれていて、ハエやカなどの足《あし》にぶらさがって遠《とお》くまで飛《と》んで行《い》く。しかしその姿《すがた》はとうめいで、人間《にんげん》には見《み》えないので、とりつかれてもわからない。はじめは小人《こびと》のように小《ちい》さいが、人間《にんげん》にとりついて病気《びょうき》を重《おも》くさせると、だんだん大《おお》きくなるという。この疫病神《やくびょうがみ》の正体《しょうたい》は、いまでは伝染病《でんせんびょう》をおこすバイキンだとわかっているが、昔《むかし》の人《ひと》びとは伝染病《でんせんびょう》をなおす方法《ほうほう》も知《し》らなかったので、疫病神《やくびょうがみ》という恐《おそ》ろしい妖怪《ようかい》のせいだと信《しん》じたのだ。

＊ぶるぶる

さびしい森《もり》やぶきみな墓場《はかば》などは、ひるまでも、なんとなく恐《おそ》ろしいような気《き》がするものだ。そういうところには、ぶるぶるという妖怪《ようかい》がすんでいるからだ。冷《つめ》たいおくびょう風《かぜ》をふかせて、人間《にんげん》をこわがらせてしまうのだ。また、この妖怪《ようかい》・ぶるぶるに一度《ど》とりつかれると、夜中《よなか》にトイレに一人《り》で行けなくなったり、高《たか》いところをこわがり水泳《すいえい》さえ、こわくなるという。

＊うしろ神《がみ》

昔《むかし》から「うしろがみをひかれる」というい いかたがある。とても仲《なか》のよい友《とも》だちや兄弟《きょうだい》やお父《とう》さん、お母《かあ》さんなどとわかれなければならないとき、どこからともなく、うしろ神《がみ》がやってくるという。わかれるとき、なぜか、かみの毛《け》をひかれるような気《き》がして、わかれたくない気《き》もちにさせるのだ。うしろ神《がみ》は、だから人間《にんげん》どうしがいつも仲《なか》よくすることをねがう、よい妖怪《ようかい》だ。

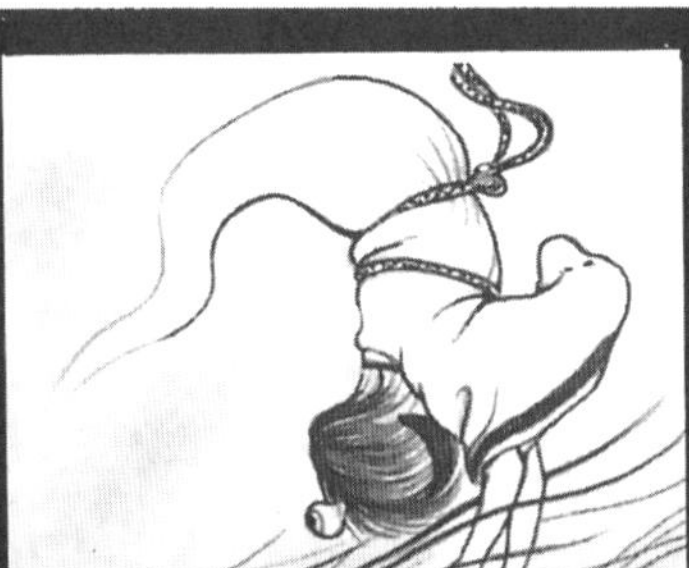

くびれ鬼《おに》

大《おお》きな池《いけ》や古《ふる》い沼《ぬま》にすんでいる妖怪《ようかい》。夕方《ゆうがた》になると，水《みず》の底《そこ》から音《おと》もなくあらわれて，いきなり人間《にんげん》を沼《ぬま》の中《なか》へひきずりこんでしまう。その沼《ぬま》や池《いけ》で，おぼれて死《し》んだ人《ひと》のうらみがこの世《よ》にのこって，くびれ鬼《おに》となった。

手《て》あらい鬼《おに》

いまから五百年《ごひゃくねん》ほどまえ。香《か》川県《がわけん》の高松地方《たかまつちほう》には、雲《くも》の上《うえ》までとどきそうな大《おお》きな鬼《おに》がでたという。川上《かわかみ》の山《やま》のほうで、夜《よる》になるとザブンザブンという、ひどく大《おお》きな水音《みずおと》がするので、村《むら》の人《ひと》たちが山道《やまみち》をのぼって行《い》ってみた。すると、谷《たに》から谷《たに》へと川《かわ》をまたいでいる、ものすごい大《おお》きなものがいるではないか。

それは、なんと、数《すう》十メートルものバカでかい鬼《おに》が、川《かわ》の水《みず》で手《て》をあらっているところだったという。

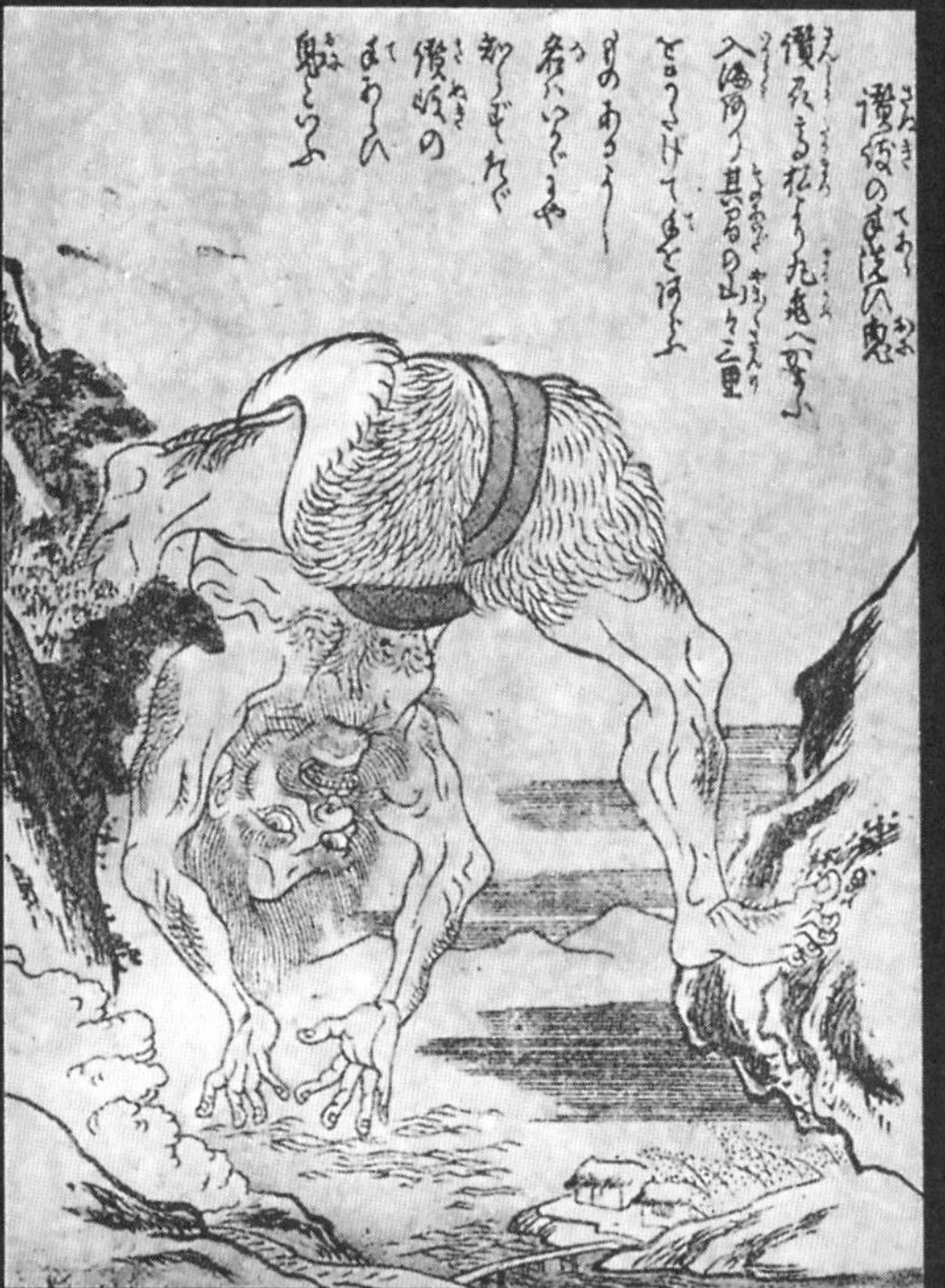

*やまひこ

たった一人《ひとり》で山奥《やまおく》へ行《い》くときには、うっかり「やっほうー」とさけんではいけない。山《やま》の向《む》こうから妖怪《ようかい》・やまひこが、人間《にんげん》の声《こえ》で「やっほう」と答《こた》えてきて、近《ちか》くに人《ひと》

＊小豆《あずき》あらい

小豆《あずき》あらいは、日本全国《にほんぜんこく》にいる妖怪《ようかい》で小豆《あずき》をとぐような音《おと》をたてる。山《やま》の谷川《たにがわ》で、夜《よる》になると、ぶきみな声《こえ》でうたう。

「小豆《あずき》をとごうか……人《ひと》をとって食《く》おうか……ジャラ、ジャラ」

　そこで、そっと足音《あしおと》をしのばせて近《ちか》づくと姿《すがた》はない。ヘンだなと思《おも》っているとまた谷川《たにがわ》の奥《おく》のほうでジャラジャラ音《おと》がする。音《おと》だけのふしぎな妖怪《ようかい》だ。

がいると思《おも》わせるからだ。なん度《ど》も声《こえ》をかけていると、いつのまにか道《みち》にまよって帰《かえ》れなくなる。しかし、いまではその正体《しょうたい》も山《やま》の反響音《はんきょうおん》だとわかっている。

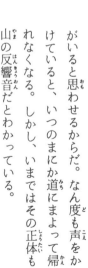

大《おお》入《にゅう》道《どう》

◀たぬきが化《ば》けた二つ目《め》大《おお》入《にゅう》道《どう》は、ただびっくりさせるだけ。

大入道《おおにゅうどう》には、いろいろな種類《しゅるい》があって、黒坊主《くろぼうず》という黒《くろ》い二つ目《め》大入道《おおにゅうどう》やたぬきが化《ば》ける一つ目《め》大入《おおにゅう》道《どう》、二つ目《め》大入道《おおにゅうどう》などがある。たぬきが化《ば》けた大入《おおにゅう》道《どう》は、うしろからついてきて、いきなり長《なが》い舌《した》でペロリと顔《かお》をなめたりするだけだが、ほんとうの大入《おおにゅう》道《どう》はものすごく大《おお》きく、人間《にんげん》をおしつぶすという。

＊一つ目大入道《めおおにゅうどう》

一つ目大入道《めおおにゅうどう》は、たいてい、たぬきが化《ば》けたものだ。どてらを着《き》て大《おお》きな鉄棒《てつぼう》をもち、どすんどすんと音《おと》をたてて人間《にんげん》をおどろかす。左《ひだり》の絵《え》の一つ目大《めおお》入道《にゅうどう》は、その昔《むかし》、高知県《こうちけん》にあらわれて、大《おお》きな筆《ふで》で、空中《くうちゅう》に百種類《ひゃくしゅるい》もの妖怪《ようかい》をかいてみせたという。

▼この三つ目《め》の大入道《おおにゅうどう》は，ろくろ首《くび》の仲間《なかま》で人間《にんげん》を殺《ころ》すことがある。

びろ〜ん

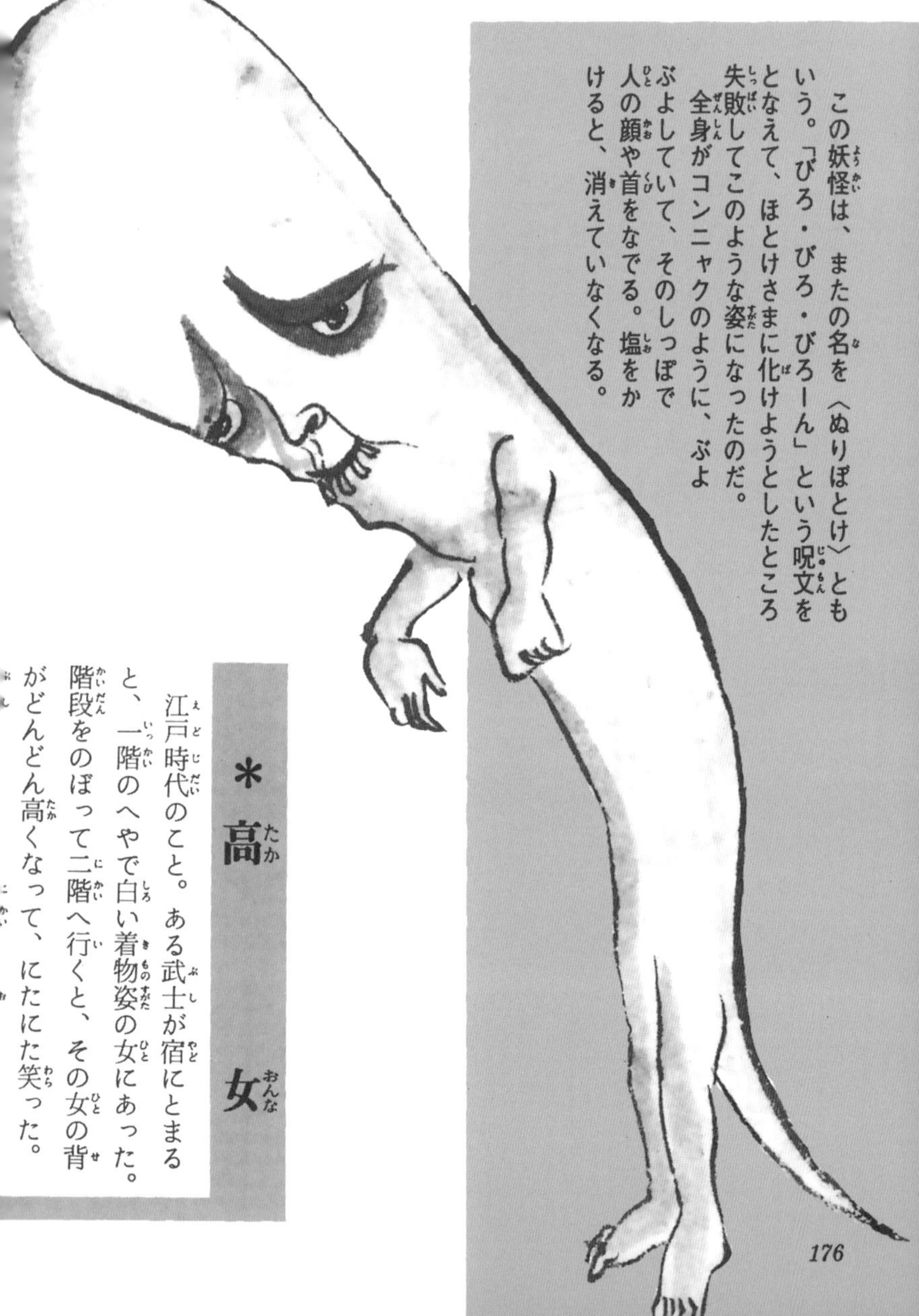

この妖怪《ようかい》は、またの名《な》を〈ぬりぼとけ〉ともいう。「びろ・びろ・びろーん」という呪文《じゅもん》をとなえて、ほとけさまに化《ば》けようとしたところ失敗《しっぱい》してこのような姿《すがた》になったのだ。

全身《ぜんしん》がコンニャクのように、ぶよぶよしていて、そのしっぽで人《ひと》の顔《かお》や首《くび》をなでる。塩《しお》をかけると、消《き》えていなくなる。

＊高《たか》女《おんな》

江戸時代《えどじだい》のこと。ある武士《ぶし》が宿《やど》にとまると、一階《いっかい》のへやで白《しろ》い着物姿《きものすがた》の女《ひと》にあった。階段《かいだん》をのぼって二階《にかい》へ行《い》くと、その女《ひと》の背《せ》がどんどん高《たか》くなって、にたにた笑《わら》った。

＊うわん

夕《ゆう》ぐれどき、古寺《ふるでら》の近《ちか》くをとおると、ぶきみな声《こえ》で「うわん」とたずねられることがある。すぐに、「うわん」と答《こた》えないと、棺《かん》おけの中《なか》にひきずりこまれてしまう。この妖怪《ようかい》は墓場《はかば》の主《ぬし》だ。

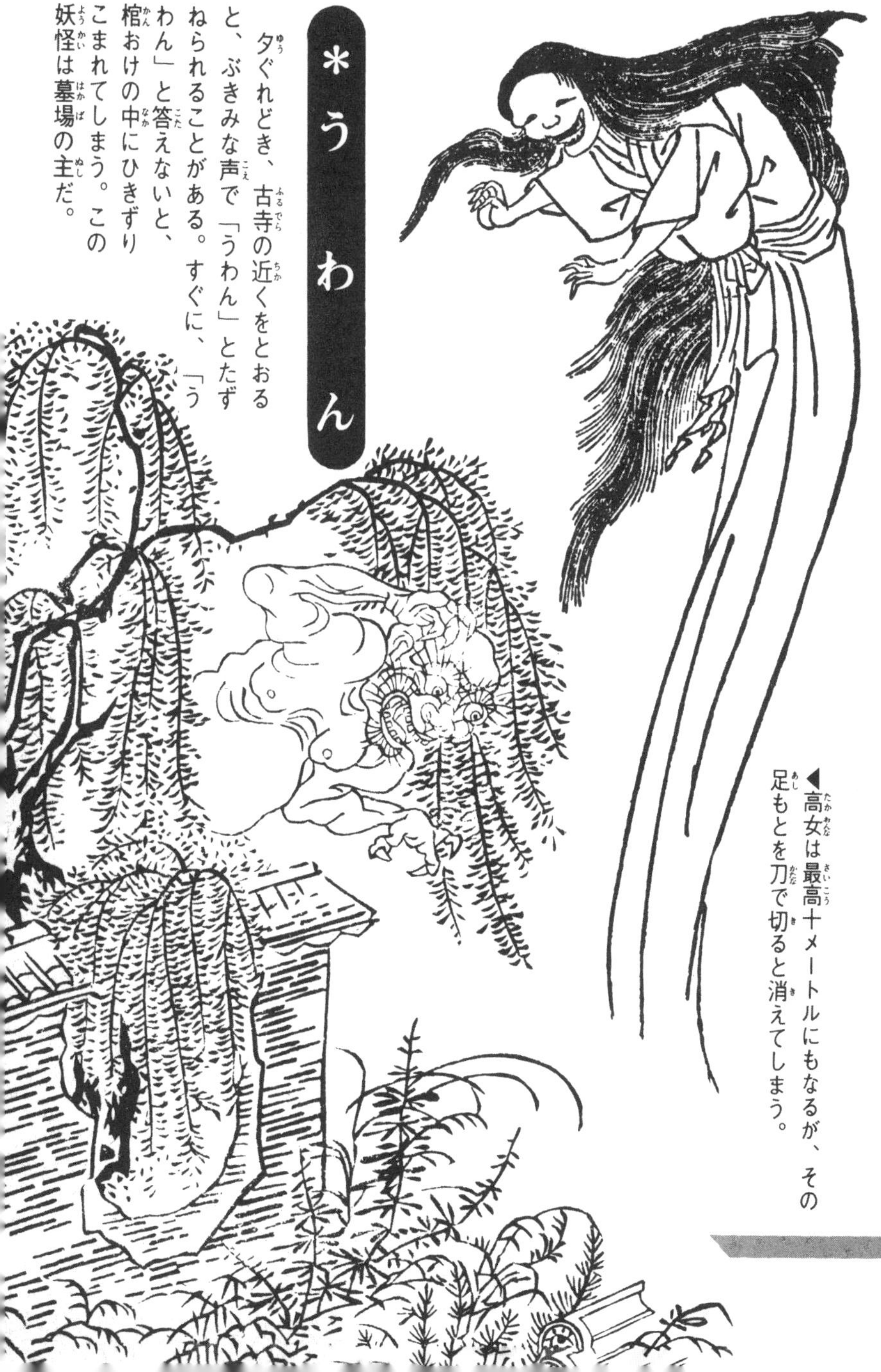

◀高女《たかおんな》は最高《さいこう》十メートルにもなるが、その足《あし》もとを刀《かたな》で切《き》ると消《き》えてしまう。

骸骨《がいこつ》の妖怪《ようかい》

ふつうの骸骨《がいこつ》の妖怪《ようかい》は，墓場《はかば》の棺《かん》おけから出《で》てきたものだが，大《おお》どくろやがしゃどくろは，もっとすごい魔力《まりょく》を持《も》っている。

＊大《おお》どくろ

大《おお》どくろは、もっぱら海《うみ》だけにあらわれる妖怪《ようかい》だ。海面《かいめん》からものすごい大《おお》きな骸骨《がいこつ》の頭《あたま》だけをだして、船《ふね》をめざして近《ちか》づいてくる。すると、急《きゅう》に船《ふね》のまわりにキリが立《た》ちこめ、あたりがくらくなる。方向《ほうこう》がさっぱりわからなくなってしまうのだ。

そして、大《おお》どくろは、船《ふな》べりに大《おお》きな骨《ほね》の手《て》をガッチリとくいこませ、同《おな》じところをぐるぐるなん度《ど》も船《ふね》をひいてまわるのだ。やがて、船《ふね》の人《ひと》びとは食物《たべもの》や水《みず》がなくなり一人《り》のこらずミイラのようになって死《し》んでしまう。だから幽霊船《ゆうれいせん》やミイラ船《せん》には、大《おお》どくろがすみついているという。

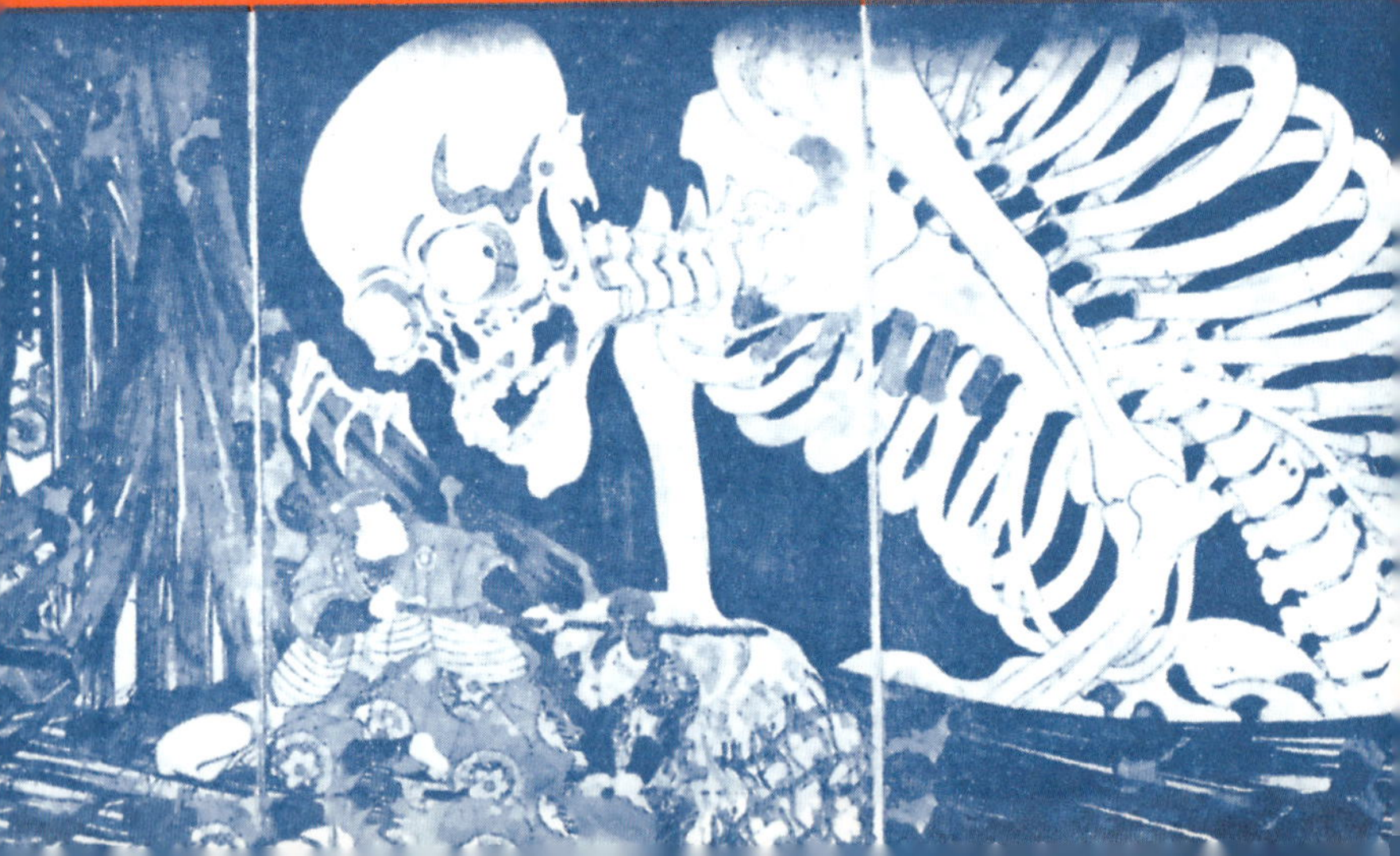

*がしゃどくろ

夜中《よなか》の二時《じ》すぎ、外《そと》でガシャ、ガシャというものすごい音《おと》がする。人《ひと》びとがおどろいて飛《と》びだしてみると、十メートルもある大《おお》きな骸骨《がいこつ》が歩《ある》いているではないか。妖怪《ようかい》・がしゃどくろは、黄色《きいろ》くもえてぶきみに光《ひか》る目玉《めだま》をぎらつかせ、歩《ある》くたびに、骨《ほね》をガシャガシャ音《おと》たてながら、人間《にんげん》をとって食《く》おうとやってきたのだ。十人《にん》もの武士《ぶし》が刀《かたな》で切《き》りつけたことがあったが、あっというまに骨《ほね》の手《て》でにぎりつぶされ、大《おお》きな歯《は》でかみくだかれたという。

この妖怪《ようかい》は、野《の》たれ死《じ》にした人《ひと》のどくろがなん百と集《あつ》まってできたものだ。

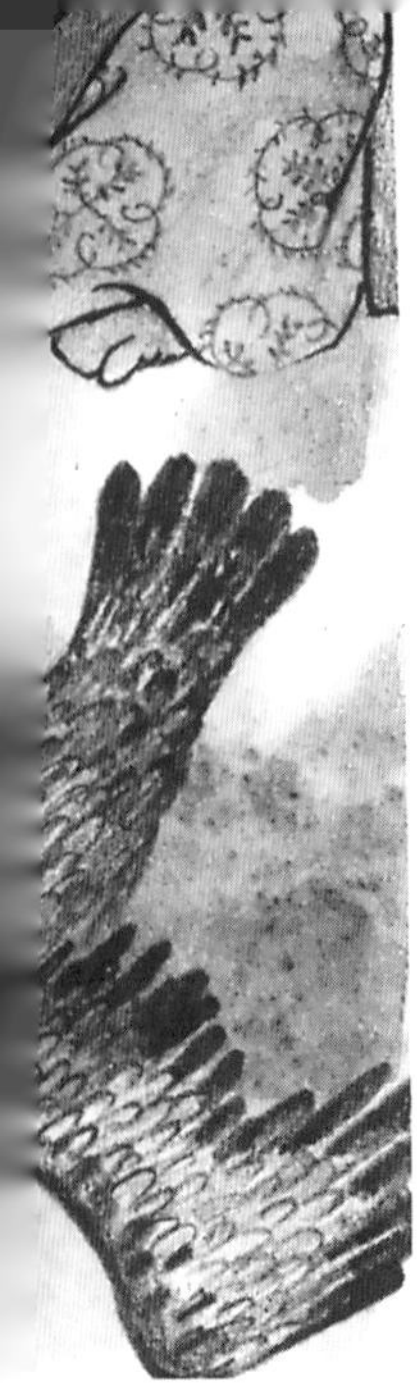

ひょうすべ

ひょうすべは、もともと河童《かっぱ》の仲間《なかま》だったといわれている。九州《きゅうしゅう》の宮崎《みやざき》県《けん》や長崎県《ながさきけん》に多《おお》くすんでいた。昼《ひる》は川《かわ》の水《みず》の中《なか》の横《よこ》穴《あな》にかくれているが、夜《よる》になると田畑《たはた》にあらわれて、米《こめ》のおちぼなどをひろってたべている。人《ひと》と出《で》あうと、ヒッヒッヒッと笑《わら》うが、もらい笑《わら》いすると熱《ねつ》をだして死《し》ぬという。

◀ひょうすべと出《で》あったら、決《けっ》して笑《わら》ってはいけない。うっかり笑《わら》うと高熱《こうねつ》をだして死《し》んでしまう。

＊おとろし

夜《よる》おそく、神社《じんじゃ》のそばを通《とお》ると、ドスーンという大《おお》きなものが落《お》ちてくる音《おと》。これは妖《よう》怪《かい》・おとろしのしわざだ。

神社《じんじゃ》にいたずらをしたり、らくがきをしたり、とりいに小便《しょうべん》をかけたりする人《ひと》をねらって、おとろしが上《うえ》から落《お》ちるのだ。まともに当《あ》たったら、もちろん死《し》んでしまう。おとろしは、神《かみ》さまをまもる妖怪《ようかい》なのだ。

* 寺《てら》つつき

寺《てら》つつきは、仏教《ぶっきょう》を信《しん》じない人《ひと》びとの魂《たましい》が鳥《とり》になったという妖怪《ようかい》。だからあちこちの寺《てら》という寺《てら》を、そのするどい口《くち》ばしでつつき、柱《はしら》やかべをこわすのが専門《せんもん》だ。しかし、うっかりこの鳥《とり》を攻撃《こうげき》したりするとたいへんだ。

その人《ひと》のあとをずっとつけて飛《と》んできて、その人《ひと》の家《いえ》を、つついてこわしてしまうからだ。「ほとけさまは、まだだよ」というと姿《すがた》を消《け》すという。

天《てん》井《じょう》さがり
ISHi

人《ひと》がねむってしまったころ、天井《てんじょう》のふし穴《あな》から小《ちい》さなゴムのかたまりのようなものが、すうっとたれさがる。それは、だんだん大《おお》きくなって妖怪《ようかい》・天井《てんじょう》さがりに変身《へんしん》するのだ。

やがて、天井《てんじょう》さがりは赤《あか》く長《なが》い舌《した》で人《ひと》の顔《かお》をペロリペロリとなめはじめるが、人《ひと》がびっくりして目《め》をさますと天井裏《てんじょううら》へにげてしまう。

しょうけら

しょうけらは、屋根《やね》の上《うえ》の天窓《てんまど》や戸《と》のすきま、ガラス窓《まど》などにぴったりとはりついて、家《いえ》の中《なか》のようすをうかがっている。ふろ場《ば》ものぞく、ひどくエッチな妖怪《ようかい》だ。全身《ぜんしん》はかたいウロコのようなものでおおわれていて、手足《てあし》には三本《ぼん》のするどいツメがついている。そのツメで人間《にんげん》の背中《せなか》をバリッとひきさくのだ。しかし、人間《にんげん》の目《め》には姿《すがた》が見《み》えないので、カガミにうつして「わかってるぞ」とさけぶと逃げて行く。

*天《てん》井《じょう》なめ

*大《おお》かむろ

大《おお》かむろは、地獄《じごく》の国《くに》からやってきた恐《おそ》ろしい妖怪《ようかい》だ。その顔《かお》だけは美《うつく》しい女《おんな》の人《ひと》のようにみえるが、からだは骨《ほね》ばかりで、手《て》には

日本《にほん》全国《ぜんこく》どこにでもいる妖怪《ようかい》で、とてもいたずらずきだ。ちょっとの間《あいだ》、人《ひと》が家《いえ》をるすにすると、ぴょんぴょんと天井《てんじょう》に向《む》かって飛《と》びあがり、その長《なが》い舌《した》でなめまわすのだ。

すると、天井《てんじょう》にはきたないしみが点《てん》てんとついたり、しまもようになったりして、ふきとろうとしても、なかなかおちないのだ。ところがきたなくなった天井《てんじょう》をきれいにしないと、今度《こんど》は台所《だいどころ》とか便所《べんじょ》とか、家《いえ》の柱《はしら》やかべまで舌《した》でなめまわして、きたなくしてしまうという。

……ツメがある

人《ひと》がねむってしまうと、その人《ひと》のふとんの前《まえ》にじっとすわりこんで「地獄《じごく》へつれて行《い》くぞ」とささやくのだ。ねぼけて、うっかりうなずいたが最期《さいご》、そのツメで八ツざきにされ脳《のう》みそをたべられてしまうのだ。

百鬼夜行《ひゃっきやぎょう》

百鬼夜行《ひゃっきやぎょう》とは，夜《よる》，さまざまな妖怪《ようかい》が列《れつ》をつくって行進《こうしん》することだ。年《とし》をへたキツネやタヌキが，化《ば》けることができるように，百年《ねん》以上《いじょう》もたった古《ふる》い物《もの》は，魂《たましい》がはいって化《ば》けものとなることができる。この考《かんが》えは，平安時《へいあんじ》代《だい》からおこって，江戸時代《えどじだい》にさかんになったが，弱《よわ》い化《ば》けものは姿《すがた》をけして強《つよ》い妖怪《ようかい》だけがのこされた。下《した》にあるのは，烏山石燕《からすやませきえん》という画家《がか》がえらんだ代表《だいひょう》100の妖怪《ようかい》だ。

㊟妖怪《ようかい》の名前《なまえ》の下《した》の数字《すうじ》は、この本《ほん》のページをあらわす。

①木霊《こだま》 166
②天狗《てんぐ》 18
③やまひこ 172
④河童《かっぱ》 6
⑤犬神《いぬがみ》 204
⑥山姥《やまうば》 68
⑦かわうそ 60
⑧あかなめ 148
⑨たぬき 62
⑩かまいたち 194
⑪あみきり 45
⑫女郎《じょろう》ぐも 98
⑬そうげん火《び》 141
⑭つるべ火《び》 140
⑮ふらり火《び》 140
⑯火車《かしゃ》 138
⑰うぶめ 84
⑱野寺坊《のでらぼう》 90
⑲高女《たかおんな》 176
⑳むじな 60
㉑らいごう 52
㉒ろくろ首《くび》 82
㉓逆柱《さかばしら》 167
㉔幽霊《ゆうれい》 22
㉕生霊《いきりょう》 164
㉖死霊《しりょう》 165
㉗雪女《ゆきおんな》 94
㉘大入道《おおにゅうどう》 174
㉙しょうけら 184
㉚ひょうすべ 180
㉛おとろし 180
㉜ぬれ女《おんな》 106
㉝ぬらりひょん 152
㉞鬼《おに》 10
㉟青坊主《あおぼうず》 92
㊱のっぺらぼう 80
㊲牛鬼《うしおに》 60
㊳うわん 177
㊴ねこまた 34
㊵山精《やませい》 66
㊶いやや 152
㊷さとり 156
㊸般若《はんにゃ》 104
㊹寺《てら》つつき 181
㊺長壁姫《おさかべひめ》 86
㊻不知火《しらぬい》 140
㊼青《あお》さぎの火《ひ》 48
㊽吹《ふ》っ消《け》し婆《ばあ》 72
㊾油赤子《あぶらあかご》 72
㊿片輪車《かたわぐるま》 133
(51)輪入道《わにゅうどう》 200

▲室町《むろまち》時代《じだい》に土佐光信《とさみつのぶ》という画家《がか》がえがいた〈百鬼夜行《ひゃっきやぎょう》〉の図《ず》。

妖怪学⑥

▼茨城県《いばらぎけん》で発見《はっけん》された河童《かっぱ》の手《て》のミイラ？

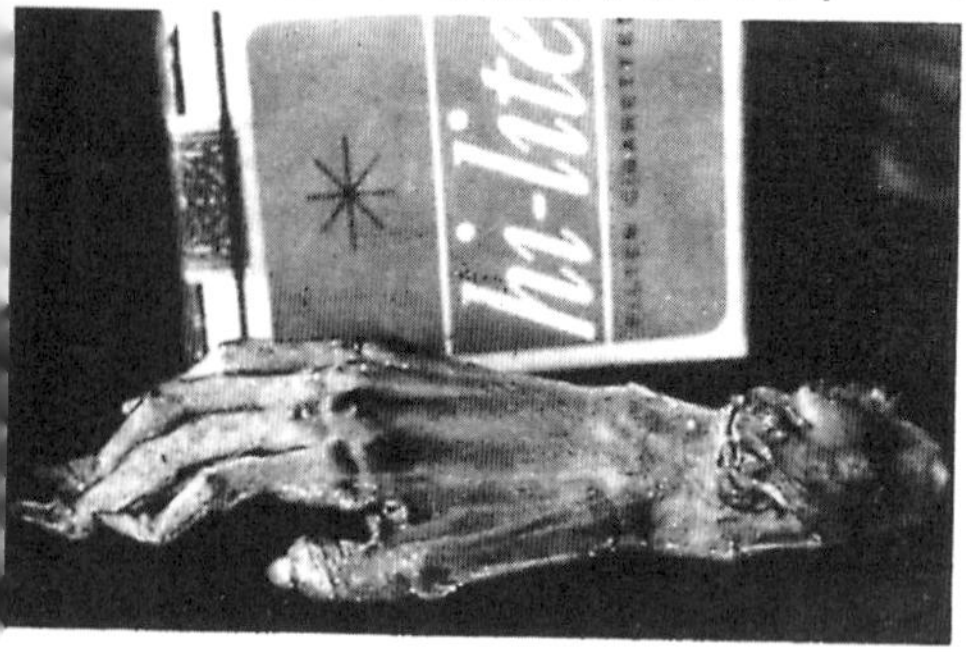

＊妖怪《ようかい》の正体《しょうたい》をさぐる！

妖怪《ようかい》は、すべて人間《にんげん》がかってにつくりだした空想《くうそう》のうえでのものだろうか。竜巻《たつま》きが恐《おそ》ろしい竜《りゅう》に見《み》えたり、いつもとちがった川《かわ》の音《おと》にびっくりして小豆《あずき》あらいではないかと思《おも》ったり、たしかに目《め》や耳《みみ》の錯覚《さっかく》ということが多《おお》い。

しかし、まだ科学《かがく》のすすんでいなかった古《ふる》い時代《じだい》には、恐《おそ》ろしい伝染病《でんせんびょう》は疫病神《やくびょうがみ》のたたりだとか、見《み》なれない動物《どうぶつ》はふしぎな魔力《まりょく》をもった妖怪《ようかい》だと考《かんが》えたのである。

つまり、未知《みち》のものにたいしては、正体《しょうたい》がわからないので、すべて妖怪《ようかい》のしわざだと思《おも》いこんでいたのだ。けれども、文明《ぶんめい》が発達《はったつ》してくると、雷獣《らいじゅう》という妖怪《ようかい》は日本《にほん》アルプス山中《さんちゅう》にほんとうにいた動《どう》物《ぶつ》であることがわかったり、不知火《しらぬい》が漁火《いさりび》による光《ひかり》の異状屈折現象《いじょうくっせつげんしょう》であることや、かまいたちは強《つよ》いつむじ風《かぜ》によって手足《てあし》のひふが切《き》れるということなどがわかってきた。

ところが、骨《ほね》のリンがもえておこるといわれている人魂《ひとだま》の火《ひ》やきつね火《び》、幽霊《ゆうれい》のもととなる霊魂《れいこん》の存在《そんざい》などについては、いまの科学《かがく》でもナゾはとかれていないのだ。

また、昭和《しょうわ》四十七年《ねん》五月《がつ》に茨城《いばらぎ》県土浦市《けんつちうらし》の満城寺《まんじょうじ》で発見《はっけん》された河童《かっぱ》の手《て》のミイラは、たしかに水《みず》かきと長《なが》いツメがあるので、河童《かっぱ》はほんとうにいたのかも知《し》れない。

6 日本の妖怪地図 *

〈狂骨《きょうこつ》〉は，古《ふる》い井戸《いど》の中《なか》にいる
白骨《はっこつ》の妖怪《ようかい》で人間《にんげん》をひきずりこむ。

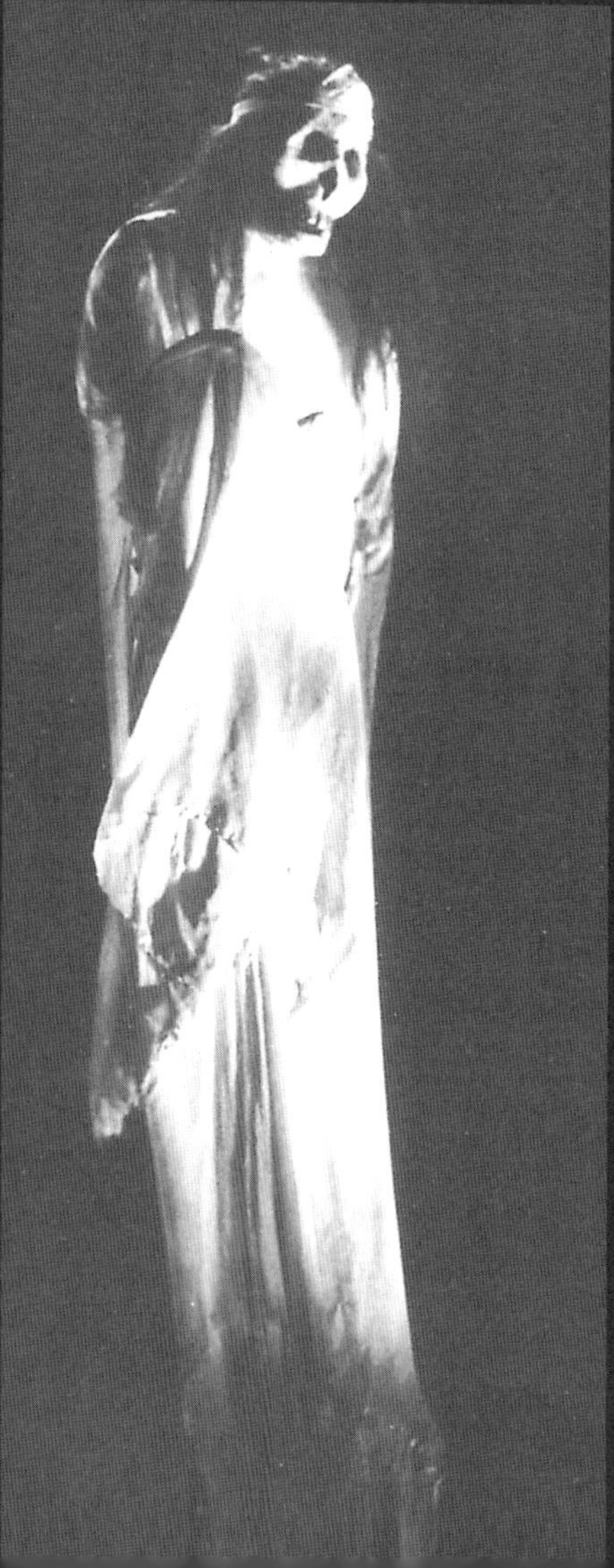

妖怪《ようかい》を地方別《ちほうべつ》にわけてみると、おもしろいことに気《き》がつく。東北《とうほく》には雪女《ゆきおんな》、日本海岸《にほんかいがん》には人魚《にんぎょ》、四国《しこく》には犬神《いぬがみ》というように、その地方《ちほう》の風土《ふうど》によって、いろいろな特徴《とくちょう》をあらわしている。あなたの地方《ちほう》には、どんな妖怪《ようかい》がいるだろうか。

日本《にほん》の妖怪地図《ようかいちず》

雪女《ゆきおんな》（東北《とうほく》）

天探女《あまのじゃく》（宮城《みやぎ》）
わがままな子供《こども》に角《つの》がはえた。

天狗《てんぐ》（全国《ぜんこく》）
天狗《てんぐ》のゲタとかウチワなど、各地《かくち》にその遺物《いぶつ》がのこされている。

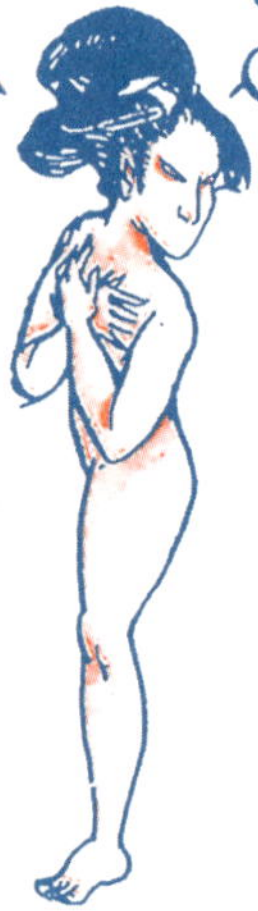

一本松《いっぽんまつ》の女《おんな》（千葉《ちば》）松《まつ》の木《き》のそばに立《た》って人《ひと》をまねき、足《あし》をひきずって一本《いっぽん》だけ食《く》いちぎる。

鬼《おに》ばばあ（東日本《ひがしにほん》）

妖怪名所《ようかいめいしょ》ガイド

①北海道空知郡栗沢町《ほっかいどうそらちぐんくりさわちょう》の万念寺《まんねんじ》には、人形《にんぎょう》の髪《かみ》の毛《け》が50年間《ねんかん》ものびつづけている〈お菊人形《きくにんぎょう》〉がある。
②青森県《あおもりけん》の八甲田山《はっこうださん》の森《もり》には、かくれ里《ざと》といって、消《き》えたりあらわれたりするふしぎな村《むら》がある。
③青森県《あおもりけん》の恐山《おそれざん》では血《ち》の池《いけ》とか針《はり》の山《やま》とか、地獄《じごく》そっくりの風景《ふうけい》を見《み》ることができる。また、死《し》んだ人《ひと》の魂《たましい》をよびだして話《はなし》をさせてくれるという、ふしぎな巫女《いたこ》もいる。
④岩手県《いわてけん》の遠野地方《とおのちほう》は、いまでも河童《かっぱ》や化《ば》けたぬきなどの妖怪《ようかい》がたくさんいるところ。つい最近《さいきん》も河童《かっぱ》を見《み》た人《ひと》がいるそうだ。
⑤東京《とうきょう》の四ツ谷怪談《やかいだん》で有名《ゆうめい》なお岩《いわ》さんの墓《はか》を見《み》たい人《ひと》は、巣鴨駅《すがもえき》の西《にし》の妙行寺《みょうこうじ》へ行《い》くとよい。
⑥長野県《ながのけん》の御嶽山《おんたけさん》には、サイの河原《かわら》とよばれる山上台地《さんじょうだいち》があり、そこでは運《うん》がよい人《ひと》は、ものすごい人魂《ひとだま》の火《ひ》のむれを見《み》ることができる。
⑦鳥取県米子市《とっとりけんよなごし》の日野橋《ひのばし》のたもとには、雨《あめ》のふった夜《よる》、母親《ははおや》とその子供《こども》をつれた子《こ》づれ幽霊《ゆうれい》がでる。
⑧広島県比婆郡西城町《ひろしまけんひばぐんさいじょうまち》の比婆山《ひばざん》には、これまでなん度《ど》も類人猿《るいじんえん》があらわれている。背《せ》たけは1.6メートルほどで、全身《ぜんしん》が毛《け》でおおわれ、顔《かお》は人間《にんげん》ににていて、妖怪《ようかい》〈さとり〉にそっくりだともいう。

河童《かっぱ》（全国《ぜんこく》）
淡水人魚《たんすいにんぎょ》（北海道《ほっかいどう》
かわいさにつられて
でいると帰《かえ》れなくな
海坊主《うみぼうず》（全国《ぜんこく》）
マー（沖縄《おきなわ》）
形《かたち》のない妖怪《ようかい》だが、大《おお》きな口《くち》が
どんどん開《ひら》いて人間《にんげん》をのみこむ
●＝海坊主《うみぼうず》
▲＝河童《かっぱ》
□＝人魚《にんぎょ》
×＝犬神《いぬがみ》
◎＝天狗《てんぐ》
火《ひ》取《と》り魔《ま》（石川《いしかわ》）
人魚《にんぎょ》（日本海岸《にほんかいがん》）
小豆《あずき》あらい（鳥取《とっとり》）
ぬりかべ（福岡《ふくおか》）
いそ姫《ひめ》（長崎《ながさき》）
子《こ》泣《な》きじじい（徳島《とくしま》）
犬神《いぬがみ》（四国《しこく》）
金
一反木綿《いったんもめん》（鹿児島《かごしま》）
ひらひら現《あら》われておどろかすだけ

北海道《ほっかいどう》・東北地方《とうほくちほう》

〈北海道〉 パウチ

アイヌにつたわる妖怪《ようかい》で、ふつうは天国《てんごく》にいるが、ときどき地上《ちじょう》におりて野原《のはら》で輪《わ》になっておどっている。このパウチの親分《おやぶん》はものすごい美人《びじん》で、歩《ある》いても足音《あしおと》がしない。人間《にんげん》を手《て》まねきして、魂《たましい》をすいとってしまうが、東《ひがし》のほうに向《む》いて逃《に》げると命《いのち》がたすかる。

〈淡水人魚《たんすいにんぎょ》・人《ひと》くい河童《かっぱ》・あざらし女《おんな》・牛僧《うしぞう》〉

〈秋田県〉 七色鳥《なないろどり》

山《やま》の上《うえ》から飛《と》んでくるふしぎな鳥《とり》の妖怪《ようかい》で，金《きん》，銀色《ぎんいろ》，赤《あか》，紫《むらさき》，青《あお》，緑《みどり》，だいだい色《いろ》の七つの光《ひかり》をはなつ。この鳥《とり》を見《み》た人《ひと》は，たちまち目《め》がつぶれてしまうが，そのかわりに金《きん》や銀《ぎん》などがでる鉱山《こうざん》のありかをおしえてくれる。

〈雪女《ゆきおんな》・八郎太郎《ろうたろう》・もうこ・なまはげ〉

〈青森県〉 かます

背《せ》の高《たか》さが5メートルもある巨人《きょじん》の妖怪《ようかい》で山《やま》の奥《おく》にいる。泣《な》いている子供《こども》がいると，その声《こえ》を聞《き》きつけて風《かぜ》よりも早《はや》く走《はし》り，子供《こども》をつかまえて背中《せなか》のかます(ワラで作《つく》ったフクロ)にいれてしまう。あとで，ゆっくりと食《た》べるのだ。

〈雪女《ゆきおんな》・河童《かっぱ》・土《つち》ぼうず・化《ば》けガニ〉

〈岩手県〉 お白《しら》さま

ある美《うつく》しい乙女《おとめ》が、馬《うま》を好《す》きになったあまり、雷《かみなり》のなる夜《よる》に天《てん》へのぼっていった。その魂《たましい》が、お白《しら》さまという神《かみ》さまになった。馬《うま》やぶた、牛《うし》などを殺《ころ》してその肉《にく》をたべると、恐《おそ》ろしいたたりがあって気《き》が狂《くる》ってしまうという。

〈ざしきわらし・山男《やまおとこ》・河童《かっぱ》・山女《やまおんな》〉

〈山形県〉 化《ば》けねこ

大《おお》きさ2メートルもある化《ば》けねこが山《やま》の奥《おく》にすんでいた。人間《にんげん》を骨《ほね》までしゃぶり、たぬきやきつねを使《つか》って人間《にんげん》をだました。背中《せなか》の毛《け》を1本《ぽん》ぬくと、たちまち火《ひ》となってもえあがるという恐《おそ》ろしい魔力《まりょく》をもっていた。

〈天狗《てんぐ》・さとり・山《やま》じじい・ひひ〉

〈宮城県〉 鬼《おに》子《ご》

仙人《せんにん》のいかりにふれた鬼子《おにご》は、こけし人形《にんぎょう》にされてしまったという。もとはといえば、わがままな《あまのじゃく》な子供《こども》が、頭《あたま》に角《つの》がはえてみっともなくなったのをすねて、雪《ゆき》や霜《しも》をふらせて農作物《のうさくもつ》をダメにしたからだ。

〈白蛇《はくだ》・化《ば》けねずみ・えんま王《おう》・鬼女《おにおんな》〉

〈福島県〉 がんばり入道《にゅうどう》

夜中《よなか》に便所《べんじょ》に行《い》くと、窓《まど》の外《そと》からのぞいている黒《くろ》い入道《にゅうどう》だ。キキッとかチチチッと鳥《とり》の鳴《な》きまねをするので、すぐわかる。大《おお》みそかの夜《よる》に便所《べんじょ》へ行《い》って「がんばり入道《にゅうどう》ホトトギス」とまじないをとなえると、あらわれなくなる。

〈鬼《おに》ばばあ・ねぶとり女《おんな》・化《ば》けウナギ〉

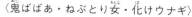

関東地方《かんとうちほう》

〈東京都〉お岩《いわ》さん

江戸《えど》時代《じだい》のことだ。いまの東京《とうきょう》・四ツ谷《よつや》に住《す》んでいた民谷伊右衛門《たみやいえもん》という武士《ぶし》は、自分《じぶん》の出世《しゅっせ》のじゃまになるからと、妻《つま》のお岩《いわ》に毒《どく》をのませた。髪《かみ》の毛《け》がバサバサぬけ、顔《かお》がひどくはれて、お岩《いわ》は死《し》んでしまった。だが、お岩《いわ》は幽霊《ゆうれい》となって伊右衛門《いえもん》をのろい殺《ころ》す。

〈火車《かしゃ》・のっぺらぼう・ろくろ首《くび》・毛女郎《けじょろう》〉

〈栃木県〉かまいたち

姿《すがた》は動物《どうぶつ》のいたちに，とてもよくにた妖怪《ようかい》だ。ものすごい，つむじ風《かぜ》やからっ風《かぜ》とともにあらわれて，あっというまに人間《にんげん》の手足《てあし》を切《き》りつける。カミソリで切《き》られたようにスパッと傷《きず》がつくので，人々《ひとびと》はとても恐《おそ》れをなした。

〈殺生石《せっしょうせき》・二口《くち》女《おんな》・狂骨《きょうこつ》・鬼《おに》ばばあ〉

〈神奈川県〉生首《なまくび》投《な》げ

鎌倉《かまくら》には、ふしぎな亡霊《ぼうれい》がいた。大工《だいく》の姿《すがた》をした亡霊《ぼうれい》が松《まつ》の林《はやし》にかくれていて、人《ひと》がとおりかかると生首《なまくび》をたくさんかかえてあらわれるのだ。そして次《つぎ》から次《つぎ》に生首《なまくび》を投《な》げつける。しかも生首《なまくび》は空中《くうちゅう》で消《き》えてしまうという。

〈むじな・天狗《てんぐ》・きつね火《び》・大《おお》がま〉

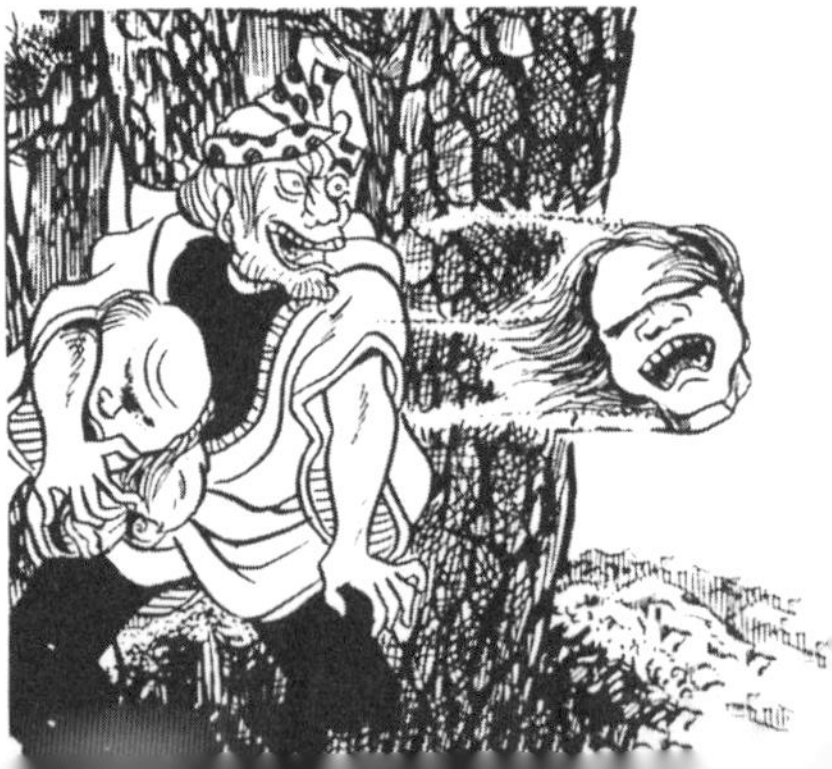

〈茨城県〉 生《い》き白《しら》子《こ》

築《つく》波《ば》山《さん》の地《ち》下《か》のふかいところに、赤んぼうのまま百年間《ひゃくねんかん》も生《い》きていたという恐《おそ》ろしい妖怪《ようかい》。赤《あか》んぼうなのに、髪《かみ》の毛《け》がまっ白《しろ》くて、地面《じめん》の下《した》から女《おんな》の人《ひと》の足《あし》をつかむ。おそわれた女《おんな》の人《ひと》は頭《あたま》の毛《け》がたちまち、まっ白《しろ》になるのだ。

〈河童《かっぱ》・大《おお》なまず・大赤《おおあか》えい・みずち〉

〈千葉県〉 十字《じゅうじ》だぬき

背中《せなか》に銀色《ぎんいろ》に光《ひか》る十字《じゅうじ》のマークをつけた、ぶきみな黒《くろ》いクマの妖怪《ようかい》だ。この十字《じゅうじ》のマークが、いっそうキラキラと輝《かがや》くと、魔力《まりょく》で一つ目《め》小僧《こぞう》に化《ば》けたり、まるい十五夜《や》のお月《つき》さんに化《ば》けたりして、人間《にんげん》をびっくりさせる。

〈河童《かっぱ》・一本松《ほんまつ》の女《おんな》・化《ば》けアワビ〉

〈埼玉県〉 そで引《ひ》き小僧《こぞう》

夕方《ゆうがた》、一人《り》で、さびしい道《みち》を歩《ある》いていると、だれかうしろから、そでを引《ひ》くものがある。おどろいてふりかえるとだれもいない。歩《ある》きだすとまた、そでを引《ひ》かれる。それが、そで引《ひ》き小僧《こぞう》だ。

〈はんにゃ・河童《かっぱ》・鬼女《おにおんな》〉

〈群馬県〉 人食《ひとく》いヒル

300年まえ、いまの館林《たてばやし》市《し》近《ちか》くに大《おお》きな沼《ぬま》があり、ここに目《め》に見《み》えないほど小《ちい》さなヒルがたくさんいた。この沼《ぬま》の水《みず》をのんだ人《ひと》は、おなかの中《なか》にはいったヒルがどんどん大《おお》きくなって体《からだ》の中《なか》を食《く》いあらされて死《し》ぬという。

〈化《ば》け馬《うま》・歯黒《はぐろ》べったり・ろくろ首《くび》〉

北陸地方《ほくりくちほう》

〈新潟県〉海坊主《うみぼうず》

空《そら》は青《あお》くはれわたって、海《うみ》の波《なみ》は静《しず》かだ。ところが、急《きゅう》に波《なみ》がさわがしく荒《あ》れだしたかと思《おも》うと、行《い》くてにザザーッとものすごい大《おお》きな黒《くろ》い怪物《かいぶつ》が、にゅうとあらわれた。海《うみ》の妖怪《ようかい》《海坊主《うみぼうず》》だ。あっというまに、船《ふね》ごとのみこんでしまうと、たちまち《海坊主《うみぼうず》》は姿《すがた》を消《け》してしまう。海《うみ》は、なにごともなかったように静《しず》かで、空《そら》は青《あお》くはれわたっている。つい、ちょっとまえ海《うみ》を走《はし》っていた船《ふね》も船員《せんいん》もキリのように消《き》えてしまったのである。

また、《海座頭《うみざとう》》は、船員《せんいん》を手《て》まねきして船《ふね》を難波《なんぱ》させるという、まぼろしの妖怪《ようかい》だ。

〈雪女《ゆきおんな》・しんきろう・おしろいばあさん〉

◀海座頭《うみざとう》

〈石川県〉ぐず

大《おお》きな沼《ぬま》にすんでいる。怪獣《かいじゅう》のような姿《すがた》で体長《たいちょう》は10メートル以上《いじょう》あり胴《どう》まわりが5メートルもある。畑《はたけ》や田《た》をめちゃくちゃにふみあらし、農作物《のうさくもつ》をたべてしまう。人間《にんげん》にもおそいかかり、口《くち》から毒《どく》けむりをはくという。

〈火《ひ》取《と》り魔《ま》・雪女《ゆきおんな》・人魚《にんぎょ》・みの火《び》〉

〈福井県〉笑《わら》い女《おんな》

夜中《よなか》でも昼間《ひるま》でも、ふいに、だれかがケラケラッと笑《わら》う声《こえ》を耳《みみ》にする。女《おんな》の笑《わら》い声《ごえ》だ。つい、その声《こえ》にのせられて笑《わら》うと、恐《おそ》ろしいことになる。一回《かい》笑《わら》うごとに、妖怪《ようかい》・笑《わら》い女《おんな》が、どんどん大《おお》きくなって、ついには大入道《おおにゅうどう》のようになるからだ。そして、笑《わら》い女《おんな》が、家《いえ》ごとおしつぶしてしまうのだ。だから、笑《わら》い女《おんな》の笑《わら》いに、つられないことだ。こっちが笑《わら》いをとめると、笑《わら》い女《おんな》はスッと姿《すがた》を消《け》してしまうからだ。

〈人魚《にんぎょ》・大《おお》ハマグリ・鬼女《おにおんな》・きつね火《び》・たくろう火《び》〉

▶海坊主《うみぼうず》

〈富山県〉 海《うみ》 牛《うし》

海《うみ》の深《ふか》いところにすんでいて，とくに若《わか》い娘《むすめ》をえじきにする妖怪《ようかい》。背中《せなか》からものすごい血《ち》をふきだして，海《うみ》をまっかにそめるという。また，この海牛《うみうし》は若《わか》い女《おんな》に化《ば》けて，若《わか》い男《おとこ》と結婚《けっこん》すると牛《うし》の角《つの》をもった赤《あか》ちゃんを生《う》む。

〈雪女《ゆきおんな》・人魚《にんぎょ》・畑《はた》おんりょう・鬼女《おにおんな》〉

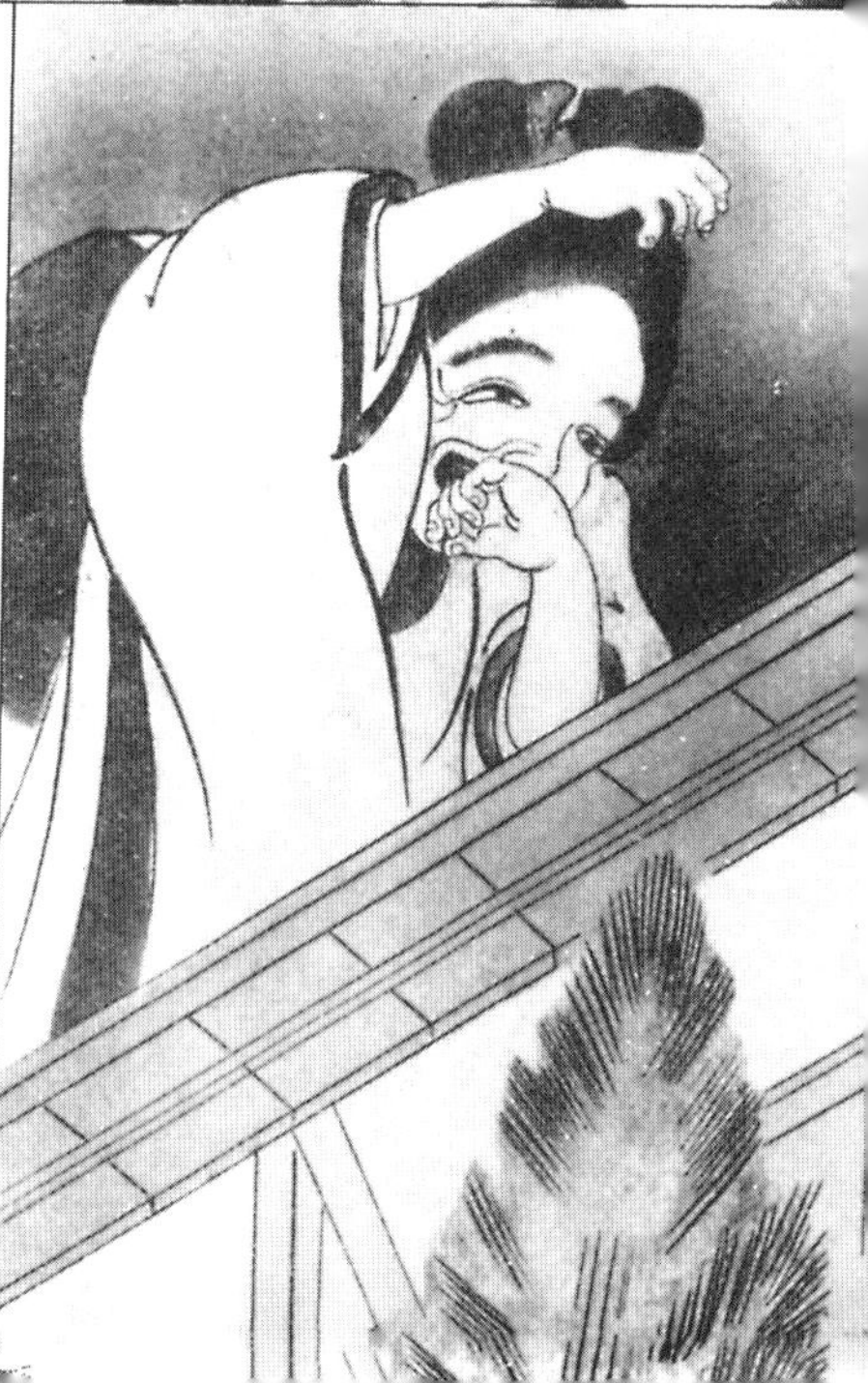

中《ちゅう》部《ぶ》地《ち》方《ほう》

〈長野県〉骨《はね》食《く》いきつね

長野《ながの》県《けん》の仙丈《せんじょう》が岳《だけ》という山《やま》の近《ちか》くにある戸《と》台村《だいむら》は、きつね火《び》がたくさんでるというので昔《むかし》から知《し》られている。野原《のはら》や雑木林《ぞうきばやし》の中《なか》、あるいは火葬場《かそうば》のそばで、きつねたちのむれが人間《にんげん》の骨《ほね》をガリガリッとたべているのだ。そしてきつねのまわりには、青《あお》い火《ひ》の玉《たま》が飛《と》んでいる。

〈さとり・人面鼠《じんめんそ》・芭蕉《ばしょう》の精《せい》・天狗《てんぐ》〉

〈静岡県〉雷《かみなり》赤《あか》子《こ》

子供《こども》のとき雷《かみなり》にヘソをとられた女《おんな》の人《ひと》は、結婚《けっこん》して赤《あか》んぼうをうむと、角《つの》のはえた雷《かみなり》の子《こ》をうむことがある。この子《こ》は、ものすごい大《おお》きな声《こえ》で雷《かみなり》のように泣《な》き、ふつうの人《ひと》が近《ちか》づくと、たちまち感電死《かんでんし》してしまう。

〈きつね火《び》・天狗《てんぐ》・天女《てんにょ》・化《ば》けたぬき〉

〈山梨県〉土《つち》ころび

さびしい山道《やまみち》の竹《たけ》やぶとか、林《はやし》の中《なか》にいる妖怪《ようかい》。人間《にんげん》が2人《り》以上《いじょう》いるとあらわれないが、ひとりで山道《やまみち》を歩《ある》いていると、草《くさ》やかれ葉《は》が急《きゅう》により集《あつ》まって妖怪《ようかい》の姿《すがた》になる。うしろから、だきついたり足《あし》にまきつくが害《がい》はない。

〈山男《やまおとこ》・ろくろ首《くび》・うわん・蛇骨《じゃこつ》ばばあ〉

〈愛知県〉 大《おお》ほたる

戦国時代《せんごくじだい》の有名《ゆうめい》な武将今川義元《ぶしょういまがわよしもと》が死《し》んだ日《ひ》になると，ふしぎなことに夜空《よぞら》にあらわれる。大《おお》きさが50センチもある大《おお》きなほたるで，京都《きょうと》のほうに向《む》かって飛《と》んで行《い》く。これは，今川義元《いまがわよしもと》の亡霊《ぼうれい》が大《おお》ほたるになったものらしい。

〈鬼女《おにおんな》・疫病神《やくびょうがみ》・白《しろ》うねり・竜《りゅう》〉

〈岐阜県〉 みずち

高《たか》い山《やま》のふもとの湖《みずうみ》や沼池《ぬまち》にすんでいる。全身《ぜんしん》に蛇《へび》のようにウロコがあって四つ足《あし》で，角《つの》はない。人間《にんげん》が近《ちか》づくと，口《くち》からねばねばした毒液《どくえき》をだして殺《ころ》してしまう。しかし，沼《ぬま》や湖《みずうみ》の水《みず》をひあがらして水《みず》をなくすと死《し》んでしまう。〈影馬《かげうま》・土《つち》ころび・鬼女《おにおんな》・山男《やまおとこ》〉

近畿地方《きんきちほう》

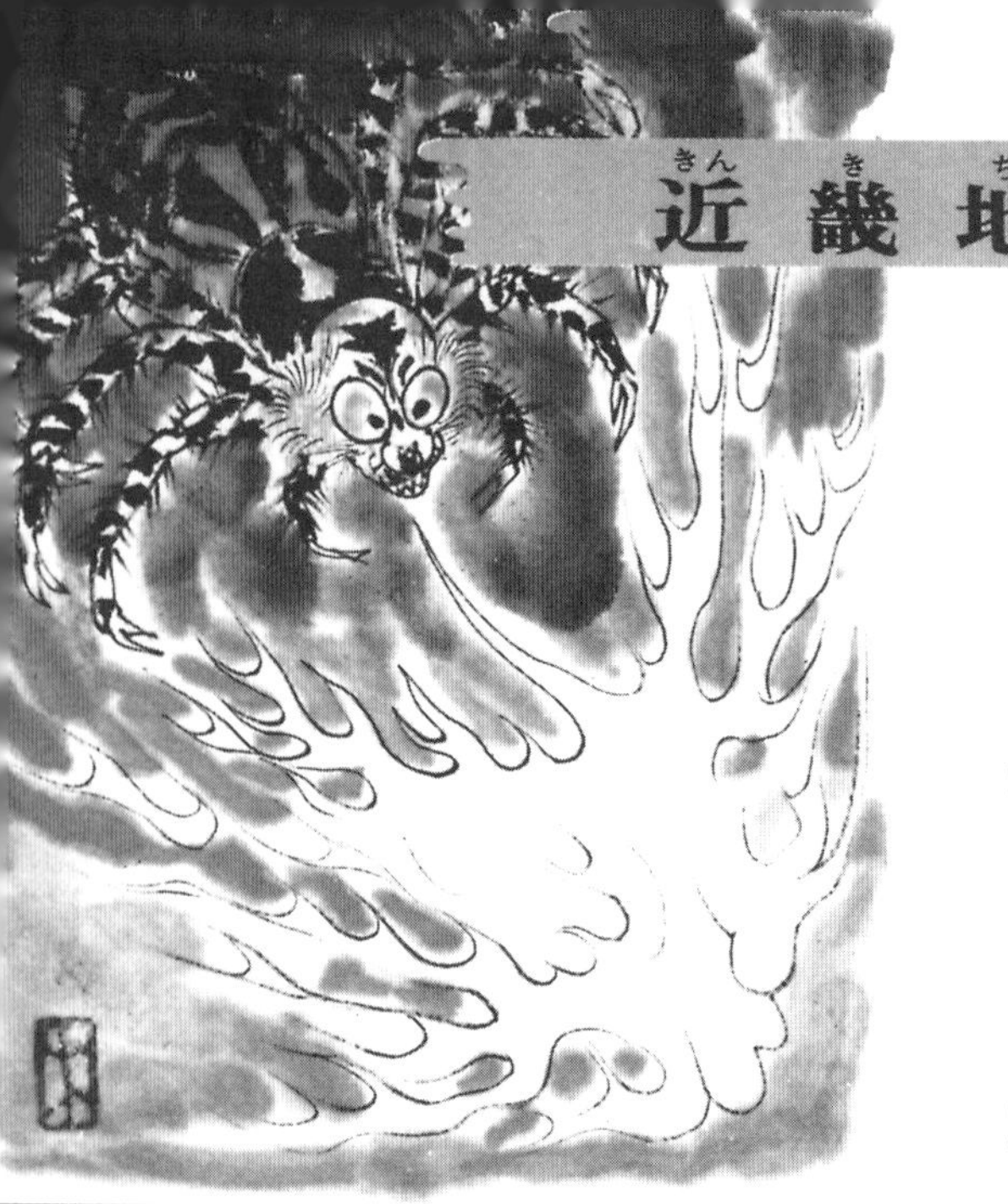

〈大阪府〉くもん火《び》

大阪《おおさか》の堺市《さかいし》の近《ちか》くでは、真夜中《まよなか》ごろに南《みなみ》の空《そら》に、ものすごい火《ひ》の玉《たま》がふき上《あ》がることがある。地下《ちか》からでてきた土《つち》グモが口《くち》から火《ひ》をふきながら空中高《くうちゅうたか》くまい上《あ》がるからだ。

〈おろち・ゲタがえし・油《あぶら》なめ・ももんじい〉

〈京都府〉輪《わ》入《にゅう》道《どう》

その昔《むかし》、夕方《ゆうがた》になると京都《きょうと》の下町《したまち》のほうから、山《やま》のほうに向《む》かって火《ひ》をふいた妖怪《ようかい》・輪入道《わにゅうどう》が、ごうごうと音《おと》をたてながら走《はし》って行《い》ったという。これを見《み》た人《ひと》は、魂《たましい》をうばわれるので、家《いえ》の前《まえ》に『このところ勝母《かつも》の里《さと》なり』という、おまじないの紙《かみ》をはっておく。

〈ぬえ・鬼《おに》・おぼろ車《ぐるま》・橋姫《はしひめ》〉

〈奈良県〉竹《ちく》鬼《き》

奈良県《ならけん》の天理市《てんりし》のあたりに出《で》るという妖怪《ようかい》。竹《たけ》やぶの中《なか》にいて，全身《ぜんしん》が竹《たけ》の皮《かわ》でつつまれている。身長《しんちょう》1メートルほどで，夜中《よなか》に竹《たけ》をぬすみにくる人《ひと》をパチパチと竹《たけ》のムチでたたきのめして，こらしめるという妖怪《ようかい》だ。

〈砂《すな》かけばばあ・仙人《せんにん》・鬼《おに》・化《ば》けがま〉

〈兵庫県〉大《おお》やもり

家《いえ》をそまつにする人《ひと》の家《いえ》に夜中《よなか》にしのびこんで血《ち》をすする妖怪《ようかい》。朝《あさ》になるとまっかな大《おお》やもりが死体《したい》のそばにいる。〈長壁姫《おさかべひめ》・お菊虫《きくむし》・天狗《てんぐ》〉

〈和歌山県〉 白《はく》 蛇《だ》

和歌山《わかやま》の高野山《こうやさん》にすんでいる魔力《まりょく》をもった白蛇《はくだ》は、美《うつく》しい女《おんな》の姿《すがた》に化《ば》けてあらわれる。男《おとこ》の人《ひと》をねらって、人間《にんげん》の魂《たましい》をうばいさるので、バカのようになってしまう。逃《に》げようとすれば、吸《きゅう》血《けつ》ヒルをなん万《まん》とはなって殺《ころ》す。

〈竜《りゅう》・さとり・天狗《てんぐ》・野《の》ぶすま〉

〈滋賀県〉 ギ バ

空《そら》のほうから馬《うま》に乗《の》った美《うつく》しい女《おんな》があらわれる。たい馬《ば》ともいわれているこの妖怪《ようかい》は、キリのようにぼんやりとした姿《すがた》で、牧場《ぼくじょう》の馬《うま》などを急《きゅう》に三回《かい》くるくるっと回《まわ》して気《き》を狂《くる》わせ、倒《たお》れたとたんに殺《ころ》すという恐《おそ》ろしいやつだ。

〈むかで・鉄鼠《てっそ》・みの火《び》・片輪車《かたわぐるま》〉

〈三重県〉 山《やま》 ち ぢ

夜中《よなか》にねむっている人《ひと》をねらって、あらわれる。とがった口《くち》ばしで、人間《にんげん》の息《いき》をすいとるのだ。目《め》をさまして人《ひと》がさわごうとすると、氷《こおり》のような冷《つめ》たい息《いき》をふきかけて人間《にんげん》をこおらしてしまう。人《ひと》はひび割《わ》れて死《し》んでしまう。

〈化《ば》け魚《ざかな》・山男《やまおとこ》・化《ば》けたぬき・魂《たましい》〉

中国地方《ちゅうごくちほう》

〈山口県〉 化《ば》けがめ

江戸時代《えどじだい》のこと。落城《らくじょう》すん前《ぜん》の城主《じょうしゅ》の前《まえ》に一人《ひとり》の美《うつく》しい女《おんな》が現《あら》われた。その女《おんな》は、この城《しろ》の待《さむらい》の血《ち》を吸《す》って魔力《まりょく》を持《も》った化《ば》けがめだったのである。化《ば》けがめは城主《じょうしゅ》への恩《おん》がえしにとみるみる巨大《きょだい》なカメとなり、自《みず》から大《おお》きな島《しま》となって、その背中《せなか》に城《しろ》を築《きず》けという。化《ば》けガメは海《うみ》の中《なか》に確《たし》かに島《しま》となってあらわれたので、城主《じょうしゅ》はそこに城《しろ》をつくった。

するとと敵方《てきがた》の大将《たいしょう》が大軍《たいぐん》で攻《せ》めたところ、島《しま》はどんどん動《うご》くので、ついに攻《せ》めるのをやめたといわれる。

〈海坊主《うみぼうず》・人魚《にんぎょ》・一本《ぽん》だたら・白蛇《はくだ》〉

〈鳥取県〉 呼《よぶ》子《こ》

鳥取県《とっとりけん》の山《やま》の中《なか》には、山《やま》びこの妖怪《ようかい》がいる。１本足《ぽんあし》のかわいい子供《こども》の姿《すがた》でヤッホーと声《こえ》をかけてくる。しかし、その声《こえ》にうっかりヤッホーと答《こた》えると空中《くうちゅう》にいきなりすいこまれて、山《やま》の奥《おく》へと運《はこ》ばれてしまう。

〈牛鬼《うしおに》・人魚《にんぎょ》・ぬらりひょん・鬼《おに》〉

〈島根県〉 ずんべら

地面《じめん》に黒《くろ》い影《かげ》のようになって、はいつくばっている。人間《にんげん》の足音《あしおと》をきくとむっくり起《お》き上《あ》がって足《あし》をとらえ、長《なが》い舌《した》でぐるぐると巻いて地面《じめん》の底《そこ》にひきずりこむ。ちっそく死《し》させてから、ゆっくりと人間《にんげん》をたべてしまうのだ。

〈八頭《やまた》の大蛇《おろち》・ぬれ女《おんな》・二口女《ふたくちおんな》〉

〈広島県〉　もろ首《くび》

真夜中《まよなか》に、とつぜんにゅーっとあらわれる、ろくろ首《くび》のような妖怪《ようかい》。だがその首《くび》は、急《きゅう》に二つにわかれてニタニタと笑《わら》いだすのだ。あっちこっちと逃《に》げても、しつこく追《お》いかけてにらむので、人間《にんげん》は気《き》が狂《くる》って死《し》ぬという。

〈ぶるぶる・船幽霊《ふなゆうれい》・おとろし・鬼女《おにおんな》〉

〈岡山県〉　すねこすり

雨《あめ》のふる夜《よる》によくあらわれる。しかし、姿《すがた》がわからないので、ふせぎようがない。ワタのようなものを人間《にんげん》にからませてくるので、あっところんでしまい足《あし》をケガする。岡山県《おかやまけん》の人《ひと》は《足《あし》まがり》ともいって恐《おそ》れている。

〈平家《へいけ》がに・鳴《なり》がま・なんどばばあ〉

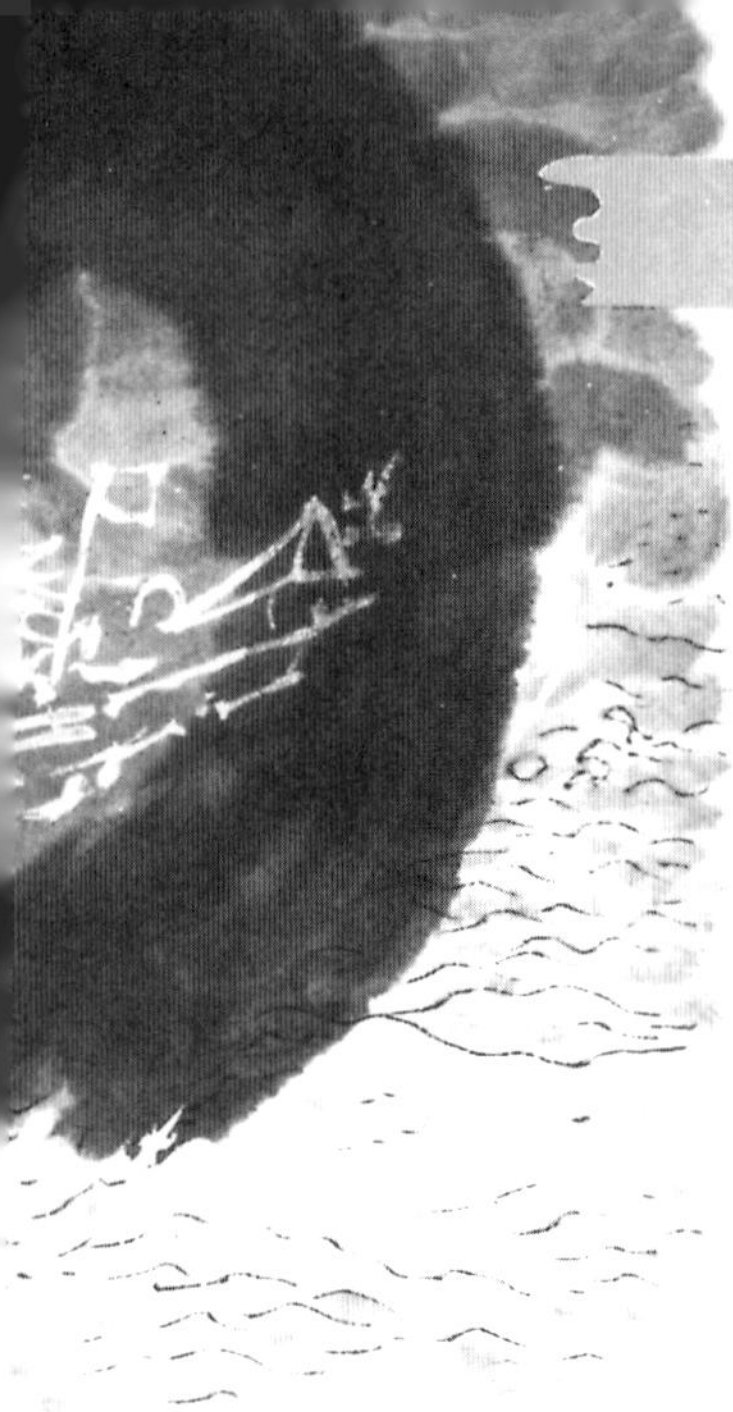

四《し》国《こく》地《ち》方《ほう》

〈愛媛県〉 船《ふな》幽《ゆう》霊《れい》

瀬戸内海《せとないかい》のキリのふかい夜《よる》。とつぜん、大《おお》きなドクロがぬっとあらわれる。ぼろぼろになった船《ふね》に死人《しにん》のむれが悲《かな》しげな声《こえ》でうめきながら近《ちか》づいてくるのだ。あっというまに漁《ぎょ》船《せん》は、船幽霊《ふなゆうれい》の死人《しにん》たちに大《おお》きなひしゃくで水《みず》をかけられ、たちまち沈《ちん》ぼつしてしまう。これは、昔《むかし》うらみをのんで死《し》んだ平家《へいけ》の武士《ぶし》の亡霊《ぼうれい》だといわれている。また、このふきんには海蛇《うみへび》のような〈あやかし〉もいるという。

〈一つ目《め》小僧《こぞう》・おいあがり・ぬえ〉

〈香川県〉 犬《いぬ》神《がみ》

←犬神《いぬがみ》には，いつも白児《しらちご》というバカな子供《こども》の子分《こぶん》がついている。

〈高知県〉 三《み》目《つ》八《め》面《やづら》

生首《なまくび》が八つも集《あつ》まった恐《おそ》ろしい妖怪《ようかい》で，大《おお》きさが100メートルもある。だが目《め》が3つしかないので，逃《に》げるときはジグザグに走《はし》って森《もり》の中《なか》へはいるとよい。この妖怪《ようかい》は，空中《くうちゅう》にうかんでいて，地上《ちじょう》にはおりないからだ。

〈山《やま》ちぢ・かげぼうし・犬神《いぬがみ》〉

生《い》きたままの犬《いぬ》を、首《くび》だけだして穴《あな》にうめ、おなかをすかしているのに三日間《みっかかん》犬《いぬ》のまえに食物《しょくもつ》をおいておき、それから犬《いぬ》の首《くび》をはねたので、犬神《いぬがみ》という妖怪《ようかい》になったといわれる。犬神《いぬがみ》は、人間《にんげん》がおいしい食物《しょくもつ》をあたえないと、たちまち人間《にんげん》の魂《たましい》にとりつくのだ。犬神《いぬがみ》に魂《たましい》をとられた人《ひと》はワンワンとないて一生《いっしょう》をくらすという。

〈山《やま》うば・ひひ・しばてん・化《ば》けたぬき〉

〈徳島県〉子泣《こな》きじじい

山《やま》の奥《おく》にいる妖怪《ようかい》で，姿《すがた》は白《しろ》いひげをたらした老人《ろうじん》だが，オギャーと赤《あか》んぼうの声《こえ》で泣《な》く。人《ひと》がかわいそうにと思《おも》って，だいてやると急《きゅう》に鉄《てつ》のかたまりのように重《おも》くなる。しがみついてはなれないので，人《ひと》の命《いのち》もうばう。

〈首《くび》なし馬《うま》・山《やま》うば・手《て》あらい鬼《おに》〉

九《きゅう》州《しゅう》地《ち》方《ほう》

〈福岡県〉ぬりかべ

海岸《かいがん》によくでる妖怪《ようかい》で、夜道《よみち》を歩《ある》いていると、急《きゅう》に目《め》のまえに白《しろ》いかべが立《た》ちふさがる。棒《ぼう》で足《あし》もとをはらうと消《き》える。
〈河童《かっぱ》・紫女《むらさきおんな》・人魚《にんぎょ》・砂《すな》かけばばあ・鬼《おに》〉

〈沖縄県〉さかさ幽霊《ゆうれい》

木《き》の上《うえ》から急《きゅう》に、ぶらりとぶらさがるさかさ幽霊《ゆうれい》は、その舌《した》でぺろりと人《ひと》の顔《かお》をなめる。
〈マー・天女《てんにょ》・人魚《にんぎょ》・火《ひ》の王《おう》・死霊《しりょう》〉

〈佐賀県〉田《た》がらし

頭《あたま》のてっぺんから足《あし》のさきまで，どこにでも口《くち》がある妖怪《ようかい》。まるで海綿《かいめん》のように，その口《くち》から水《みず》をすいこむが，いくら水《みず》をのんでも大《おお》きくならない。田《た》や畑《はたけ》や井戸《いど》にすんでいて，水《みず》をすいとるので，作物《さくもつ》がたちまちかれてしまう。〈おろち・河童《かっぱ》・いそ女《おんな》・石《いし》なり姫《ひめ》〉

〈大分県〉山《やま》女《おんな》

山《やま》の奥《おく》にいるので，山《やま》の神《かみ》ともいわれる。髪《かみ》の毛《け》がものすごく長くて，まっ白《しろ》いはだがゴムのようにふわふわしているが，とくに男《おとこ》の人《ひと》をねらう。山《やま》女《おんな》の命令《めいれい》どおりにしないと，全身《ぜんしん》がくさる。この地方《ちほう》には，山男《やまおとこ》もいる。

〈天狗《てんぐ》・河童《かっぱ》・山男《やまおとこ》・仙女《せんにょ》・犬神《いぬがみ》〉

〈宮崎県〉　ぬりぼう

山《やま》の奥《おく》にいる妖怪《ようかい》で、はじめは小《ちい》さな黒《くろ》いかたまりだが、人間《にんげん》が近《ちか》づくと急《きゅう》に大《おお》きくふくれあがる。人間《にんげん》の内臓《ないぞう》をつなぎあわせたような恐《おそ》ろしい姿《すがた》に変化《へんか》するのだ。そして人間《にんげん》のはらをえぐって内臓《ないぞう》をたべるという。

〈山男《やまおとこ》・河童《かっぱ》・あまのじゃく・犬神《いぬがみ》〉

〈熊本県〉　金《かねん》　主《ぬし》

とくに天草地方《あまくさちほう》によくでる妖怪《ようかい》で、おじいさんのような姿《すがた》をしていて大《おお》きなザルをかかえている。夜《よる》になると、よいことをした人《ひと》の家《いえ》にしのびこんでザルの中《なか》の小判《こばん》をバラバラまきおとして行《い》くという福《ふく》の神《かみ》である。

〈不知火《しらぬい》・河童《かっぱ》・ろくろ首《くび》・おろち〉

〈鹿児島県〉　ぬ　け　首《くび》

この妖怪《ようかい》は、人《ひと》ごろしをした人間《にんげん》だけをねらって追《お》いまわすというふしぎな能力《のうりょく》をもっている。口《くち》から火《ひ》をふきだし、空中《くうちゅう》を飛《と》びまわるので、どこへ逃《に》げてもかぎつけられる。大声《おおごえ》で罪《つみ》を白状《はくじょう》すると、ぬけ首《くび》は消《き》えるという。

〈山童《やまわらわ》・大《おお》だこ・河童《かっぱ》・赤鬼《あかおに》・海蛇《うみへび》〉

〈長崎県〉　い　そ　女《おんな》

ぬれ女《おんな》とよくにているが、下半身《かはんしん》が人魚《にんぎょ》の形《かたち》をしていて、長崎県《ながさきけん》の五島《ごとう》列《れっ》島《とう》にあらわれる。船《ふね》をおそって、生《い》きた人間《にんげん》の血《ち》をすうのを好《この》む妖怪《ようかい》だ。おまじないに、カヤの毛《け》を3本《ぼん》だけ着物《きもの》につけておくと逃《に》げて行《い》くという。

〈火吹《ひふ》き鳥《どり》・河童《かっぱ》・竜《りゅう》・あやかし〉

日本妖怪図鑑　　禁無断転載

編　著　佐藤有文
装　幀　長谷部敏雄
イラスト　石原豪人　木俣清史
　河内功　直野祥子
資料協力　斎藤守弘　土屋不二雄
　水木しげる　面谷哲郎

東京都品川区東五反田0　0　00　電話(00)000　0000
立風書房

2016年8月30日 初版発行
2025年4月29日 2刷発行

著 者 佐藤有文
発行者 岩本利明
発行所 株式会社復刊ドットコム
〒141-8204 東京都品川区上大崎3-1-1 目黒セントラルスクエア
電話：03-6776-7890(代) https://www.fukkan.com/
印 刷 TOPPANクロレ株式会社
協 力 Gakken／KADOKAWA／水木プロダクション／
石原慎之介／直野祥子／斎藤守弘／面谷哲郎

本書の著者・佐藤有文氏、画家・木俣清史氏、河内功氏については、平成28年5月20日に著作権法第67条の2第1項の規定に基づく申請を行い、同項の適用を受けて掲載いたしました。

※本書は、立風書房より刊行された「日本妖怪図鑑」の復刻版です。当時の内容や印刷・造本などを、可能な限り初版本に近づけて再現してあります。
※原本のご関係者の中に、一部連絡の取れない方がいらっしゃいました。お心当たりの方は、大変お手数ですが、復刊ドットコム・編集部までご一報下さい。
※本書に収録した文章、イラストの中には、明らかに事実と異なる記述、また今日の人権意識に照らしあわせて、不当・不適切な語句や表現を含むものもありますが、作品が執筆された時代的背景や、既に故人である著者の意向を考慮し、そのままといたしました。

©佐藤有文
「妖怪百物語」©KADOKAWA1968
Printed in Japan ISBN978-4-8354-5391-0 C0076

落丁・乱丁本はお取替えいたします。
本書の無断複製（コピー）は著作権法上での例外を除き、禁じられています。
定価はカバーに表示してあります。

ジャガーバックスシリーズ復刊に関する情報ご提供のお願い

弊社では立風書房から出版されていたジャガーバックスシリーズの復刊活動を行っています。皆様の中で、当時のご関係者、ご執筆者等、何らかの情報をご存知の方がいらっしゃいましたら、恐れ入りますが、編集部までご連絡いただけますと幸いです。